텔레파시

정문규 제9시집

문학공원 시선 261

텔레파시

정문규 제9시집

오른손과 왼손이 다정스레 손잡고
꽃길이든 가시밭길이든 함께 걷습니다
사랑입니다

문학공원

시인의 말

하늘은 땅을 만나서 즐겁고
바다는 섬을 만나서 반갑다

나는 그대라는 별을 만나서
나마저 별처럼 빛난다

우리 모두가 이 아름다운 지구에서
서로 마음 통하는 그런 기쁨의 정 나누자

2024년
정이 깊어 가는 가을문 끝자락에서

정 문 규

〈서문〉

실사구시(實事求是) 학문의 전형

김 순 진 (문학평론가 · 한국문인협회 이사)

정문규 시인이 또다시 시집을 내신다. 이번에는 아홉 번째 시집이면서 300편이 넘는 대형 시집이다. 나는 그동안 여러 권의 시집을 한꺼번에 묶는 시전집을 이렇게 두껍게 내는 것은 본 일이 있지만, 한 권의 시집을 이렇게 많은 분량으로 내는 시집은 본 적이 없다. 그만큼 정문규 시인은 이번에 이 시집에 대하여 젊음을 결산하는 마음으로, 큰 기획으로 출간하는데 이 시집은 결혼 32주년을 기념하여 출간하는 시집이라고 한다.

그동안 정문규 시인의 시집을 몇 권 출간하며 그의 시세계에 대하여 논한 바 있다. 그의 시는 우리의 주변에서 채록된 자연과 사랑, 여행과 진리 등 사람이 살아가는 데 필요한 생로병사에 관한 증언이다.

그의 시는 경험을 바탕으로 한 시다. 그의 시는 그가 직접 가 보지 않고, 직접 먹어보지 않으며, 직접 해 보지 않은 시의 소재는 없다. 따라서 정문규 시인은 사실을 바탕으로 한 시만 쓴다. 보통의 시인들은 과거의 생각을 바탕으로 책을 읽거나 단상이 떠오를 때 시를 쓰지만, 정문규 시인은 직접 찾아가며 발로 시를 쓴다. 모두 그가 직접 경험한 일을 쓰기 때문에 즉 실사구시(實事求是)의 학문의 전형이라 할 수 있다.

그가 시를 쓰고 한시를 쓰며 시조를 쓰는 이유는 고등학교에서 수십 년 동안 국어를 가르쳐오면서 학생들에게 모범이 되기 위한 절차탁마(切磋琢磨)의 몸부림이라 할 수 있다. 옛말에 '나는 바담풍 할 테니 너는 바람풍 하라'는 말이 있다. 스승은 틀리게 말해도 되지만, 제자는 올바르게 배워야 된다는 말인데, 정문규 시인에게 그런 말은 통하지 않는다. 먼저 수신제가(修身齊家)한 연후에 치국평천하(治國平天下)를 도모하려는 정문규 시인은 정말 스승다운 스승이요, 우리 시인들 사이에서도 정말 모범적인 문학생활을 하고 있는 분이다.

필자와 정문규 시인과 인터넷으로 만난 지 벌써 20년이 넘어간다. 대부분의 시인들이 처음에는 왕성하다가 사그라드는 불꽃처럼, 등단한 시점에는 시를 많이 쓰지만, 이렇게 지속적이면서 왕성한 시적 창작열은 과히 꺼지지 않는 유전(油田)의 불꽃이라 해도 될 것 같다.

책을 읽으려면 우선 차례를 읽어보라는 말이 있다. 차례는 그 책이 어떻게 편집되었고 저자가 무슨 말을 하려는지 금방 알 수 있기 때문이다. 이 시집에는 그의 다양한 관심사가 모두 게재되어 있다. 정문규 시인은 이 시집을 크게 8부로 나누어 편집하였는데 그 차례만 봐도 정문규 시인이 독자에게 무슨 말을 하려는지 금방 알 수가 있다.

"제1부 꽃씨"에서 그는 자연에 관한 이야기를 하고 있다. '꽃씨'에서부터 '나무', '풀' 등의 자연을 바라보면서 꽃피우지 못하고 열매를 맺지 못하는 인간을 반성한다. "제2부 행복 디자인"에서는 인간으로서 누구나 행복하게 살 권리가 있는데, 행복은 남이 가져다주는 것이 아니라 스스로 일구는 것임을 전달하려 애쓴다. "제3부 텔레파시"는 이 시집의 제목이 된 부분이다. 말하자면 우리가 살아가는 데 있어 사랑이 얼마나 소중하고 중요한지를 말하고 싶은 것이다. "제4부 별 낚시터"는 그가 가 본 국내 여행지에 관한 시다. 그는 여행을 통해 다시 살아갈 삶의 힘을 축적하며 반성을 도모한다. "제5부 독도(獨島)에게"에는 몇 편의 '독도' 시를 비롯하여 한국의 섬에 관한 시가 게재되어 있다. 이는 그동안 그가 얼마나 우리 영토를 소중하게 여기는지 잘 알 수 있는 대목이다. "제6부 히말라야"는 말 그대로 그가 직접 등반한 히말라야의 등정 과정에서 본 이야기를 기술한 발의 시다. "제7부 카사블랑카" 역시 외국을 여행하며 쓴 시로 그가 얼마나 열심히 여행하며 세상의 문물을 보고 들으려 애써왔는지 알 수 있는 대목이다. "제8부 담양 딸기"는 전라남도 담양에 관한 시다. 담양은 그의 제2의 고향이며 지금도 그는 담양 창평고등학교에서 국어교사로 재직하고 있다. 우선 나의 주변을 살피고 챙기려는 시인의 마음이 녹아 있는 대목이라 할 수 있다.

늘 근면 성실하며, 타의 모범이 되는 표창장의 문구 같은 정문규 시인의 시심에 박수를 보내며 결혼 32주년을 진심으로 축하드린다.

차례

시인의 말 … 5
서문 … 6

제1부 꽃씨

예쁘다 … 20
그대라서 … 21
수채화 … 22
꽃씨 … 23
홍매(紅梅) … 24
안개꽃 … 25
개나리 … 26
프리지어 … 27
목련 … 28
라일락 … 29
라일락 연가 … 30
청명(淸明) … 31

오월 … 32
부활의 장미 … 33
연리지(連理枝) 사랑 … 34
보리수(菩提樹) … 35
맥문동(麥門冬) … 36
핫립세이지(Hot Lips Sage) … 37
쌍향수(雙香樹) … 38
단풍 무덤 … 39
낙엽 … 40
사군자 - 매란국죽 … 41
몰라요 … 44

제2부 행복 디자인

갑진년(甲辰年) 새해 … 46
좋은 날씨 … 47
해해해 … 48
오늘 식단표 … 49
벽화(壁畫) … 50
너도 벽화 … 51
친구란 … 52
우정 … 53
술과 그림 … 54
건배 … 55
사계절 술 … 56
술 · 1 … 57
술 · 2 … 58
술 · 3 … 60
소주와 맥주 … 61
와인 · 1 … 62
와인 · 2 … 63
노을 … 64
단무지 … 65
갈치조림 … 66
짬뽕 … 67
김 … 68

냉면 … 70
김밥 한 줄 · 1 … 71
김밥 한 줄 · 2 … 72
양파 … 73
누룽지 … 74
콩나물과 선인장과 비빔밥 … 75
자리끼 · 1 … 76
자리끼 · 2 … 77
커피와 학문 … 78
사계 식탁 … 80
행복 디자인 … 82
커피 … 84
문장 부호 … 85
따옴표 … 86
영원(永遠) … 87
이응과 이응 … 88
다육이의 수학 문제 풀이 정답 · 89
수학 기호에 대하여 … 90
'+'를 보고 느낀 직업별 반응 · 92
인생 사칙연산 … 94
행복의 사칙연산 … 95

제3부 텔레파시

데칼코마니 · 1 ··· 98
데칼코마니 · 2 ··· 100
오로라 ··· 101
생각하기 나름 ··· 102
닮는다, 담는다 ··· 103
텔레파시 · 1 ··· 104
텔레파시 · 2 ··· 105
텔레파시 · 3 ··· 106
절친 ··· 107
신 ··· 108
그대에게 보내는 함 선물 · 109
함 사시오 ··· 110
궁금 ··· 111
선과 곡선 ··· 112
문학 ··· 113
코뿔소 ··· 114
발레 ··· 115
음악 ··· 116
피아노 ··· 117
바이올린 ··· 118
골프 · 1 ··· 119
골프 · 2 ··· 120
세월이 가도 ··· 121
만유인력 ··· 122
폐타이어 ··· 123
좋은 사람 ··· 124
오랜 벗 ··· 125
만날 때와 헤어질 때 ··· 126
처서(處暑) ··· 127
9월 ··· 128
폭설 ··· 129
대설특보 ··· 130
발자국 ··· 131
눈길 ··· 132
시간 ··· 133
달력 ··· 134
어제, 오늘, 내일에게 ··· 135
어제, 오늘, 내일 2행시 · 136
두 부류의 사람 ··· 137
처음부터 끝까지 - 사랑 · 138

제4부 별 낚시터

미리 가 본 미래 … 140
광부 아버지 … 143
나의 집 … 144
좋은 집안과 나쁜 집안 … 145
낚시 … 146
별 낚시터 … 148
별 낚시 … 149
사진 한 장 … 150
석양의 선물 … 151
월드컵 축구 … 152
사의재(四宜齋)에서 … 153
행복한 스트레스 … 154
선운사(禪雲寺) … 155
경복궁(景福宮)에서 … 156
운주사(雲住寺)에서 … 157
부석사(浮石寺) · 1 … 158
부석사(浮石寺) · 2 … 159
문수사(文殊寺)에서 … 160
천자암(天子庵) … 161
장군목(將軍)에서 … 162
박수근 미술관(朴壽根美術館)에서 · 163
자작나무 숲에서 … 164
자작나무 숲 … 165
자작나무 … 166
전동성당(殿洞聖堂) … 167
피아골에서 … 168
그래, 구례(求禮) … 169

제5부 독도(獨島)에게

여행 · 1 … 172
여행 · 2 … 173
바다 … 174
섬 … 175
파도 … 176
해파랑길 · 1 … 177
해파랑길 · 2 … 178
서해 5도 … 179
백령도(白翎島) … 180
두무진(頭武津) … 181
대청도(大靑島)에게 … 182
울릉도(鬱陵島) … 183
속초(束草) … 184
독도(獨島) · 1 … 185
독도(獨島) · 2 … 186
독도(獨島)에 대하여 … 187
독도(獨島)에게 … 188
채석강(彩石江)에서 … 189
채석강(彩石江) … 190
다도해(多島海) · 1 … 191
다도해(多島海) · 2 … 192
목포(木浦) … 193
흑산도(黑山島) … 194
홍도(紅島) … 195
홍도(紅島)에게 … 196

천사대교 … 197
진도(珍島)의 섬들은 … 198
완도 금당도(莞島金塘島) · 199
생일도(生日島) … 200
순천만(順天灣) … 201
거금대교(巨金大橋)에서 · 202
여수(麗水) · 1 … 204
여수(麗水) · 2 … 205
향일암(向日庵) … 206
여수 개도(蓋島)에서 … 207
거문도(巨文島) … 208
사량도(蛇梁島)에서 … 209
백도(白島) … 210
욕지도(欲知島) … 211
비진도(比珍島) · 1 … 212
비진도(比珍島) · 2 … 213
제주도(濟州島) … 214
제주도(濟州島)에게 … 215
성산포(城山浦)에서 … 216
소천지(小天池) … 218
쇠소깍에서 … 219
마라도 연가 … 220

제6부 히말라야

산 … 222
산과 함께 … 223
산은 … 224
산책(山冊) … 226
히말라야·1 … 227
히말라야·2 … 228
히말라야·3 … 229
히말라야, 히말라야 … 230
히말라야 연가 … 232
히말라야는 … 234
다시, 히말라야 … 235
히말라야 고락셉의 밤 … 236
안나푸르나 … 237
히말라야가 킬리만자로에게·238
야크 … 239
킬리만자로·1 … 240
킬리만자로·2 … 241
돌로미테 … 242
돌로미테 트레킹 … 243
코타키나발루·1 … 244
코타키나발루·2 … 245
차마고도(茶馬古道) … 246
차마고도(茶馬古道)에서 … 247
도화곡 폭포(桃花谷瀑布)·248

구채구(九寨溝) … 249
백두산(白頭山) … 250
백두대간 징검다리 … 252
설악산(雪岳山) … 253
설악산 연가(雪嶽山戀歌) … 254
설악부(雪嶽賦) … 255
공룡능선(恐龍稜線) … 258
성인봉(聖人峰) … 259
속리산 연가(俗離山戀歌) … 260
월류봉(月留峰)에서 … 261
가야산(伽倻山)에서 … 262
부산 금정산(釜山金井山) … 263
월출산(月出山) … 264
월출산(月出山)에 가라 … 265
월출산가(月出山歌)·1 … 266
월출산가(月出山歌)·2 … 269
지리산(智異山) … 272
가을 무등산(無等山) … 273
무등산(無等山) … 274
규봉암(圭峰菴)에서 … 275
백아산(白鵝山)에서 … 276
장흥(長興) 종갓집 … 277
뼈다귀해장국 … 278
한라산(漢拏山) … 279

차례·15

제7부 카사블랑카

런던에서 … 282
지중해(地中海) … 283
카사블랑카 … 284
카사블랑카에서 … 285
파리의 추억 … 286
라로셸(La Rochelle) … 287
몽생미셸(Mont Saint Michel) · 288
피렌체 … 289
몽트뢰(Montreux) … 290
밀라노 … 291
피사의 사탑 … 292
베네치아에서 … 293
프라하 … 294
잘츠부르크 … 295
룩셈부르크(Luxembourg) … 296
스위스 … 297
아테네 … 298

아테네에서 … 299
산토리니 · 1 … 300
산토리니 · 2 … 302
산토리니 · 3 … 304
산토리니 · 4 … 305
블레드 호수 … 306
블레드 섬 … 307
블레드 성 … 308
두브로브니크 · 1 … 309
두브로브니크 · 2 … 310
인도(印度) … 312
갠지스강 … 313
피지 … 314
샹그릴라 · 1 … 315
샹그릴라 · 2 … 316
게르 … 317
세부 … 318

제8부 담양 딸기

돌의 기적 … 320
고인돌·1 … 321
고인돌·2 … 322
구름 … 323
자녀에게 … 324
이런 친구, 사귀어라 열두 가지 · 326
인생 운전 십계명 … 328
나의 인생 목표 열 가지 … 329
아름다운 세상 만드는 열두 가지 방법 … 330
대마도(對馬島) … 332
철원 노동당사에서 … 334
광복(光復)에게 … 335
소녀상 … 336
제주도 4.3사건 아즈망 … 338
백범일지(白凡逸志) … 340
5.18 … 341
담양 딸기 … 342
소설가의 고뇌 … 344
소망 … 345
체조 … 346
속 보입니다 … 347

담양(潭陽) … 348
죽향(竹鄕) … 349
담양, 당신이지요 … 350
담양 찬가(潭陽讚歌) … 352
담양역(潭陽驛) … 355
대숲 연가 … 356
대나무의 말 … 357
대나무 연가 … 358
담양 대나무·1 … 359
담양 대나무·2 … 360
대나무처럼 … 361
담양, 당신을 사랑할 수밖에 · 362
대나무 부채 … 364
대나무 … 365
담양 한과(潭陽漢菓) … 366
담양 십장생(十長生) … 367
담양 이십사절기(潭陽二十四節氣) · 368
필요 없어요 … 371
대나무의 열 가지 가르침 … 372
처음부터 끝까지 담양(潭陽) · 374

제1부

꽃씨

예쁘다

목련꽃 피는
너의 얼굴이

소나기에 젖은
너의 옷자락이

코스모스 흔들리는
너의 몸짓이

하얀 눈길 위에
너의 발자국이

사계절 일 년 내내
너는 예쁘다

네 모습 바라보는
나도 예쁘다

그대라서

책꽂이에 어떤 책이 꽂혀 있어도
나는 좋아
그대의 책꽂이이니까

수반에 어떤 꽃이 꽂혀 있어도
나는 좋아
그대의 수반이니까

책에 꽂히고, 수반에 꽂히고
그대에게 꽂혔네
내 인생은

수채화

붓 가는 곳은 물길
그 물길 따라가면
물속 조약돌이 맑게 웃고
고기들의 춤, 파닥거린다

붓 가는 곳은 숲길
그 숲길 따라가면
숲속 나무들이 노래하고
꽃향기에 바람도 설렌다

붓 가는 곳은 인생길
그 인생길 따라가면
수선화 발그레 피어 있고
누구나 쉬어 갈 벤치가 있다

꽃씨

이내 가슴에 뿌린
그의 마음씨

어느새 피고 피어
벙그는 가슴

별꽃 향기에 취해
눈을 감았네

다음 세상이여,
오지 마소서

그의 사랑 하나로
꽃 천지이오니

홍매(紅梅)

그냥 피었다 지는
꽃이 아니라
가슴속에서 피는
그런 꽃이오

봄에 잠깐 오가는
인연 아니라
꿈속에서도 피는
열정이라오

아무 데서나 붉은
입술 아니라
오직 당신에게만
사랑이라오

잎잎이 붉은 사랑
감추지 못해
차라리 눈을 감고
흩날릴까요?

안개꽃

장미와 백합의 아름다움도
당신 덕분에 있습니다

보이지 않는 곳에서
당신이 보입니다

당신은 언제나
모두에게 축복입니다

당신은 언제나
모두에게 사랑입니다

개나리

봄은 너에게
월계관보다 귀한
희망을 주었구나

봄은 너에게
황금보다 소중한
깊은 정을 주었구나

네가 노래하는 것은
모두가 생명이니
나는 춤을 추노라

너는 봄에게
노란 플루트 연주
아련한 꿈을 주었구나

프리지어

청초한 소녀의 웃음이
노란 맑은 향기로 피어
안개꽃 속에서 수줍어라

감히 그대를 사랑하는 일이
오직 나의 일과가 되었나니
나의 일과에 그대 들어오시라

한 번 피었다 지는 목숨
그대 그윽한 손길에만 꺾이면
죽어도 사는 행복이어라

아, 어쩌다가 이 소녀의 가슴
그리운 그대 생각만 하면
두근두근 떨리는 향기일까?

목련

하얀 옷 입은 소녀
햇살에 더 눈부시다

봄도 소녀 앞에서는
두근거릴 수밖에 없었다

소녀의 순결한 웃음에
벌도 넋을 잃었다

봄에만 웃어 다행이다
사계절 내내 웃으면 큰일 날 뻔

라일락

젊은 날의 추억은
늘 봄이어라
첫사랑의 마음도
늘 봄이어라

연분홍의 입술을
하늘에 대면
하늘은 깜짝 놀라
구름 가려라

그 옛날의 추억은
청춘이어라
짝사랑의 가슴도
청춘이어라

사랑하는 사람은
생각만 해도
스스로 얼굴 붉어
향기로워라

라일락 연가

술 마시지 않고도
취하는 얼굴

노래 듣지 않고도
두근거리는 가슴

봄이여, 사랑이여
어쩌면 좋으냐

차라리 눈을 감고
꿈 향기 맡으리

청명(淸明)

너는 맑음
너를 보는 나는
해맑음

너는 느낌
너와 함께하는 나는
흐느낌

봄아, 봄아, 꽃봄아
너는 그만 고와라
나도 절로 봄이로구나

오월

라일락꽃 지는 것
두려워 마라

내 가슴속 장미꽃
향기 주겠다

떠나버린 청춘을
서러워 마라

모란 누님, 작약 동생
반겨 줄 테니

부활의 장미

피었다 지는 것이야
쉬운 일이지만
그 향기까지야
쉽게 잊혀지겠습니까?

사랑하는 것쯤이야
쉽게 한다고 하지만
그리워하는 것까지야
어찌 막을 수 있겠습니까?

먼 훗날 다시 태어난다면
나는 사무친 가시가 되고
당신은 숨 가쁜 꽃봉오리가 되는
하나의 뜨거운 몸이 되어요

연리지(連理枝) 사랑

멀리서 멀리서 온다
나의 인연이
멀리서 멀리서 온다
나의 사랑이

서로 다른 손길이
하나가 되고
서로 다른 가슴이
하나가 된다

멀리서 멀리서 온다
나의 행복이
멀리서 멀리서 온다
나의 인생이

서로 잡은 손길이
꽃길이 되고
서로 닿은 가슴이
두근거린다

보리수(菩提樹)

어느 집, 담 없는 담에
뜰보리수 열렸네

주인이 써 놓은 팻말

"따서 드세요."

푸짐한 정 넘치는 그 말에

주인의 마음도
맘껏 먹고 왔네

맥문동(麥門冬)

여름이고 겨울이고
당신 향한 내 사랑은
언제나 초록 웃음입니다

팽나무 그늘이거나
플라타너스 그늘이거나
난 당신의 보랏빛 향기입니다

어제는 당신의 사랑
오늘은 나의 그리움
내일은 우리의 영원한 사랑

당신의 거룩한 사랑에
눈보라도 비바람도 기쁨인 듯
내 사랑 줄기, 하늘로 쭉 뻗습니다

핫립세이지(Hot Lips Sage)

내 정열의 입술이
그대 입술을 만나면
붉은 노을이 되어
석양을 휘적시노라

내 순수한 가슴이
그대 가슴을 만나면
하얀 나비가 되어
아련한 꿈을 꾸노라

쌍향수(雙香樹)

조계산 송광사 천자암
천 년 향기 묵언 수행

말하지 않아도 다 알아요
깊고 깊은 당신 마음

비에 씻긴 우리 향기
흘러 흘러 다시 우리

언제 어느 세상으로 떠나도
우리는 늘 거기 함께 있어요

단풍 무덤

나, 이제 가노라
그대 넓은 가슴에
내 가슴도 설레며
가을 바람에 흔들리노라

나, 이제 떠나노라
그대 뜨거운 입술에
내 몸은 곱게 타서
가을비에 흠뻑 젖노라

나, 다시 태어나리라
그대 고귀한 사랑
다시 갚기 위하여
그대의 모습으로 태어나리라

낙엽

죽어서도 어여쁜
우주의 신비

해와 달과 별들이
보내던 축원

광합성으로 빛나던
사랑의 전율

내 가슴에 오래도록
간직해도 좋으련?

사군자(四君子)-매란국죽(梅蘭菊竹)

매(梅)

봄이 불러서 왔는가?
그대 웃음 터뜨려 봄이 왔는가?
서로 마주 보고 반기니
술 마시지 않고도 취하노라

난(蘭)

그림에 담기도 아까워라 임
화분에 담기도 미안해라 임
오직 눈을 감고 마음속으로만
그립고 사랑하리라 나의 임

국(菊)

헌화로 태어난 꽃
중양절 국화주로 태어난 꽃
난 그대 위해 핀 국화
그윽한 그대의 술이 되겠습니다

죽(竹)

당
신
이

오
실

때
까
지

죽

서

있
습
니
다

몰라요

유채꽃과 갓꽃을
구별할 줄 몰라요

구절초와 쑥부쟁이도
구별할 줄 몰라요

철쭉인지 영산홍인지
광어인지 도다리인지

하지만 나의 사랑은
당신밖에 몰라요

제2부

행복 디자인

갑진년(甲辰年) 새해

꽃아, 피어라
싱글벙글 웃음꽃

용아, 날아라
운수대통 푸른 꿈

해야, 솟아라
가슴 뭉클 사랑해

나이야, 가라
세뱃돈 받던 길로

좋은 날씨

히말라야 눈보라도
킬리만자로 우박도
독도 앞바다의 풍랑도
모두 좋은 날씨입니다

그대 생각만 하면

해해해

어제 뜨는 해는 훌륭해
오늘 뜨는 해는 사랑해
내일 뜨는 해는 행복해

오늘 식단표

아침 : 햇살, 희망, 두근거림
점심 : 미소, 용기, 열정
저녁 : 건강, 사랑, 기도

간식 : 안부, 독서, 동행

벽화(壁畫)

어느 벽 담쟁이
자기가 뻗친 손길
벽화인 줄도 모르고
그렇게 살더이다

물감이며 붓이며
많이도 준비했는데
내가 뻗친 손길은
허공을 허우적대더이다

하지만 알고 보면
자연이든 인공이든
모두가 자연인 것을
늦게야 깨닫게 되더이다

해서 조심스럽긴 해도
그냥 머무르면 머문 대로
움직이면 움직인 대로
꽃잎 하나 그리고 볼 일이더이다

너도 벽화

그냥 페인트칠한 어느 벽
그 갈라진 좁은 틈에 뿌리내리고
고개 내밀고 활짝 웃는 풀

그냥 풀인 줄 알았는데
그것은 난초보다 고귀한 생명
그는 벽화의 살아 있는 주인공이었다

좀 힘들다고 그만두었고
좀 어렵다고 투덜거렸던
좀처럼 뿌리내리지 못한 나의 삶

내 안에 있는 거칠고 모난 벽에
내 안에 있는 마음 붓을 다스려
내면에 활짝 웃는 풀을 그리리라

친구란

오늘은 그리움
내일은 반가움

우정

친구와 술 한잔했습니다
저도 별이 되었습니다

술과 그림

소주는 수채화
맥주는 유화
소맥은 추상화
막걸리는 동양화
와인은 서양화
위스키는 정물화
고량주는 상상화
정종은 사생화
복분자주는 풍경화
홍주는 인물화
모든 술은 자화상

건배

달은 술잔이요
그림자는 술병이라네
고독은 친구요
추억은 안주라네

그대를 위하여
내 입술 남겨 놓았거니
진하게 취하고 싶거든
내 입술로 오라

나는 그대를 위하여!
그대는 나를 위하여!

사계절 술

봄에는 벚꽃나무 아래에서의 막걸리
여름에는 호프 술집에서의 맥주
가을에는 단풍 아래에서의 복분자주
겨울에는 포장마차에서의 소주

아, 그러나 모든 계절
나를 취하게 하는 술은
그대의 붉게 떨리는 입술

술 · 1

인류의 가장 오랜 벗
나의 정직한 친구

섞이어도 다투지 않는
나의 맛이며 멋인 친구

지나침을 후회케 하고
없으면 그리운 친구

오늘 저녁, 그대를 만나면
미리 행복하여라

술 · 2

그대 한 번 만나면
십 년을 살고
그대 자주 만나니
천만 년 살았네

다른 친구, 임들은
다 변하여도
그대만은 변함없이
날 취하게 해

우정이고 정이고
늘 처음처럼
아무렴 그대처럼
영원을 살아야지

이대로 이내 몸이
썩게 된다면

누룩꽃 그대 닮아
발효되겠네

그대 한 번 만나서
도(度)를 알았고
그대 자주 만나서
도(道)를 깨쳤네

술 · 3

낮은 데로 임하소서
술잔이여!

나를 따르시오
술병이여!

높은 데로 임하소서
건배여!

소주와 맥주

성격은 다르지만
만나니 좋다

서로 한 몸이 되니
이렇게 좋을 수가

밤하늘의 별들이
부럽지 않다

어제는 오늘을 위하여
오늘은 내일을 위하여

와인 · 1

지중해를 담을까요?
에게해를 담을까요?

아니, 아니요
당신 사랑 담아주서요

와인 · 2

부르지 않아도
와 있는 너

화이트든 레드든
중요하지 않아

감미로운 너에게
취할 수만 있다면

노을

노을에게 술을 건넨다
너 한 잔, 나 한 잔

노을은 금세 얼굴 붉어
바다로 빠진다

너에게 빠진 나는
어디로 빠지라고

단무지

짜장면에 너 없음
서운하더라

김밥에 너 없어도
심심하더라

널 무지 사랑한다
말은 안 해도

새콤달콤 샛노란
나의 입맛아

갈치조림

바다와 육지가 만나듯
입맛과 밥맛이 만났습니다

긴 은빛 몸매에 간이 보글보글 배어
벌써 수저가 먼저 들썩거립니다

무는 고구마 줄기, 고사리 만나 어여쁘고
감자는 고춧가루 화장에 빛납니다

대파, 양파, 청양고추, 홍고추
마늘, 생강, 양념장까지 출동

작지만 큰 기쁨을 주신 솜씨님
또 알현할 기회를 주시옵소서

짬뽕

너의 이름은 일본 태생
너의 모습은 중국 태생
너의 입맛은 한국 태생

지구라는 한 그릇 안에서
서로 어울려 깊은 맛
최고의 음식으로 탄생하자

김

바다에서 건진 옷
하나씩 널다 보면
햇살에 검은 옷이
윤기가 팔랑팔랑

바다에서 건진 책
하나씩 읽다 보면
단백질, 비타민이
몸속에 듬뿍듬뿍

바다의 마음 닮아
넓은 마음 펼치면
참기름, 우엉, 당근
시금치 소풍 김밥

비빔밥 보고 싶다
떡국도 보고 싶다

모두가 불러대니
한 톳도 부족하다

제 한 몸 잘라 주고
살신성인 감추니
그대는 해중군자
얼마나 고귀한가

냉면

평양으로 갈까?
함흥으로 갈까?

아니, 아니, 아니야
통일로 가야지

김밥 한 줄 · 1

김밥은 도레미파솔라시도
마치 음계 같아요

도레미는 늙으신 어머니 드리고
파솔라시도는 내가 먹어요

양쪽 꽁지 도는 모습이 좀 그렇지만
레미파솔라시에게는 절댓값이에요

날마다 김밥 한 줄 먹다 보면
내 배에서 피아노 소리가 나요

김밥은 칙칙폭폭 기차 같아요
오늘도 힘차게 하루를 달려요

김밥 한 줄 · 2

기차가 곧 출발하겠습니다

쌀밥, 우엉, 시금치, 계란말이, 당근
여러 승객들이 승차했습니다

아직 승차하지 않은 단무지 씨
얼른 승차하시기 바랍니다

깨로 장식하고 참기름 바른 기차가
기적을 울리며 신나게 출발합니다

한 칸씩 입안 터널로 들어갑니다
마지막 꽁지까지 다 들어갑니다

기차를 맞이하여 배부른 사람은
참으로 행복해 보입니다

양파

너를 가까이하면
눈물이 난다

사랑인가?

너를 멀리해도
눈물이 난다

그리움인가?

누룽지

배고파 가냘픈 손을 뻗을 때
가장 먼저 달려온 사랑이여

빈부를 가리지 않는
가장 숭고한 정신이여

솥 안의 수많은 별들이 애태워
걸작으로 탄생하였나니

모든 음식들이여, 군것질들이여
이 찬란한 별들을 경배하라

콩나물과 선인장과 비빔밥

콩나물

물만 먹고도 잘 자라니
제발 농약만은

선인장

물 너무 많이 주지 마세요
저 죽어요

비빔밥

콩나물, 당근, 상추, 달걀, 고추장, 참기름, 김, 밥
나를 만든 사랑스러운 친구들이에요

자리끼* · 1

목마를 때 손 뻗으면 잡히는 너
별들도 먼저 내려와 잠들어 있다

너는 나를 살리는 두레박 맑은 물
가장 거룩하고 숭고한 벗일지니

나도 누군가의 네가 되어
사막의 선인장에 꽃을 피우리

---

* 자리끼 : 밤에 자다가 마시기 위하여 잠자리의 머리맡에 준비하여 두는 물.

자리끼 · 2

정화수(井華水)보다 더 거룩히
나의 부름 기다리는 당신

달을 보고 별을 불러놓으니
밤에 일어나 별을 들이키네

삶이 버겁고 힘들고 목마를 때
나도 누군가의 당신이 되고 싶다

눈부신 새 아침을 맞이하도록
나도 누군가의 잔잔한 기쁨이고 싶다

커피와 학문

원두커피는 의학이다
원래의 맛을 해부하니까

에스프레소는 철학이다
인생의 쓴맛을 알게 하니까

아이리시 커피는 과학이다
실험 정신이 강하니까

카페오레는 문학이다
감미로운 사랑을 할 수 있으니까

콘 파나는 정치학이다
뜨거움과 차가움이 부딪치니까

비엔나커피는 심리학이다
비엔나에 가지 않고도
비엔나에 갈 수 있으니까

아메리카 노는 경제학이다
많은 양으로 기쁨을 주니까

믹스 커피는 사회학이다
서로 어울리기를 좋아하니까

… 사계 식탁

올랑 말랑 봄아
꽃봄아 오너라
봄 먹고 싶다
보릿국, 쑥국 먹고 싶다

싱그러운 여름아
꿈 여름아 오너라
여름 먹고 싶다
냉채, 화채, 열무국수 먹고 싶다

갈색 머릿결 가을아
단풍 가을아 오너라
가을 먹고 싶다
홍시, 전어구이 먹고 싶다

하얀 세상 겨울아
눈사람 겨울아

겨울 먹고 싶다
붕어빵, 군고구마 먹고 싶다

임아, 임아, 내 임아
사계절 내 임아
사랑 먹고 싶다
계절마저 잊은 사랑 먹고 싶다

행복 디자인

당신이 만들어 준 옷을 입습니다
행복의 옷입니다
나는 이 옷을 벗어 다른 사람들에게 입힙니다
옷을 훌훌 벗어주고 나니
내게 더 많은 행복이 입혀졌습니다

당신이 요리해 준 꿈을 먹습니다
행복의 꿈입니다
나는 이 꿈을 꺼내어 다른 사람들에게 먹입니다
꿈을 몽땅 먹이고 나니
내게 더 많은 꿈들이 뭉게뭉게 피어납니다

당신이 지어 준 집에 삽니다
행복의 집입니다
나는 이 집을 다른 사람들에게 줍니다
집을 모조리 나누어주고 나니
내게 더 많은 시(詩)의 집이 생겼습니다

당신은 내 행복을 디자인합니다
나는 당신 안에서 피어나는 꽃
나는 당신 안에서 반짝이는 별
나는 당신 안에서 흐르는 강물
오직 당신만이 나의 신앙이요, 종교입니다

커피

혼자 마시면 고독
둘이 마시면 사랑

내 고독이 그대의 고독을
만나고 싶어 합니다

문장 부호

인생은 물음표일까
느낌표일까

물음표로 와서
느낌표가 된 그대

이제 내 가슴에 와서
쉼표가 되어 줘

나는 그대 품에 안겨
마침표가 될 테니

따옴표

'돈'에 따옴표 하지 말고
'마음'에 따옴표 해 봐

'눈총'에 따옴표 하지 말고
'은총'에 따옴표 해 봐

'전쟁'에 따옴표 하지 말고
'평화'에 따옴표 해 봐

아무리 '미움'에 따옴표 하려 해도
그대는 '사랑'의 따옴표
밑줄까지 그어놓게 되더라

영원(永遠)

너와 나 아무것도 아닌
0과 0이지만
함께 입맞춤하면
00, 무한대의 사랑
끝없는 하늘을 보네
눈부신 별을 보네

너와 나 가진 것 없는 빈털터리
0과 0이지만
함께 손잡고 걸으면
00, 한 켤레 신발이 되어
어여쁜 길을 걷네
아름다운 세상을 만드네

이응과 이응

이응이 이응을 만나면
응응 언제나 긍정

이응이 이응과 함께하면
안녕과 평안과 위안

이응과 이응이 입 맞추면
영원한 무한대의 사랑

다육이의 수학 문제 풀이 정답

1 + 5 = ?
10 - 4 = ?
2 × 3 = ?
30 ÷ 5 = ?

정답 = 다6입니다

수학 기호에 대하여

√

왜 그대 안에 들어가면
난 자꾸만 작아지는지

⊂

왜 나도 모르게 내 마음이
그대에게 향하는지

∫

바닷속 해마의 한가로운 여행

Σ

M아, 너는 왜 맨날 누워 있지?

∞

0과 0이 만나 나누는 무한대의 사랑

∴
우리는 생각하는 검정콩이다,
고로 존재한다

'+'를 보고 느낀 직업별 반응

적십자사 직원, "어, 우리 회사 심볼이네."

녹십자 직원, "어, 우리 회사 심볼이네."

홈플러스 직원, "오늘 행사, 1+1입니다."

LG U+ 직원, "인터넷 + 전화 + TV 전화 문의"

공업사 직원, "십자드라이버가 어디 있지?"

교통 담당 경찰, "사거리, 주차 위반하셨습니다."

영화 〈금지된 장난〉 주인공, "우리, 십자가 놀이하자."

전쟁 중 군인, "전우여, 잘 자라!"

수학 교사, "더하라, 그리하면 구할 것이니라."

목사님, 신부님, 수녀님, "오, 주여!"

인생 사칙연산

기쁨은 더하고
슬픔은 빼고
즐거움은 곱하고
사랑은 나누라

합계 = 행복

행복의 사칙연산

밥에 반찬을 더하면
당신입니다

근심에 걱정을 빼면
당신입니다

사랑에 그리움을 곱하면
당신입니다

눈물에 웃음을 나누면
당신입니다

더하거나 빼거나 곱하거나 나누거나
무조건 나는 당신입니다

제3부

텔레파시

데칼코마니 · 1

인생은 어쩌면 미술 시간
도화지 위에 생의 물감을 짜낸다

포개어지는 것들은
얼마나 아름다운가?

무릎과 무릎
입술과 입술
네잎클로버
메타세쿼이아 길
오른쪽 신발과 왼쪽 신발
오른쪽 날개와 왼쪽 날개
경회루 연못
쾰른대성당
근, 늑, 를, 믐, 웅, 소
+, -, ×, ÷ 그리고 무한대의 ♡
또 거울 속에 비친 그대
그대와 나의 꼭 잡은 손

포개었다가 펼치면
또 얼마나 더 아름다울까?

남한과 북한
하나의 나라

데칼코마니 · 2

서로 마주 보며 만드는 세상
나비처럼 날아 볼까?

그대는 왼손이 되거라
나는 오른손이 될 테니

그대는 빛이 되거라
나는 그림자가 될 테니

그대는 하늘이 되거라
나는 땅이 될 테니

오로라

그대를 보러 아이슬란드
핀란드, 노르웨이
갈 필요 없다

내 마음속에 그대가
늘 내 오로라이니까

생각하기 나름

'왜'를 '와'로 바꿔 보세요
감정이 감동으로 바뀝니다

'트러블'은 '트레블'로 바꿔 보세요
인생은 행복한 여행이 됩니다

'NO'를 'ON'으로 뒤집어 보세요
마음의 등불이 환하게 켜집니다

'도레미파솔라시도'를 따라가 보세요
도(道)의 즐거움을 깨닫게 됩니다

닮는다, 담는다

하늘은 바다를 닮는다
바다는 하늘을 담는다

아이는 부모를 닮는다
부모는 아이를 담는다

부부는 서로를 닮는다
부부는 사랑을 담는다

친구는 웃음을 닮는다
친구는 우정을 담는다

우리는 모두 서로 거울
사랑과 우정, 닮고 담는다

텔레파시 · 1

나무는 흙을 만나 행복하고
불은 나무를 만나 따뜻하다

내가 생각하고 있는 것은
그대도 생각하고 있는 것

말하지 않아도 웃음 짓고
멀리 있어도 서로 가슴 두근

감전되어 죽어도 좋은 그대
이 세상에서 가장 아름다운 시

텔레파시 · 2

멀리 있어도 가까이 있는 너
가까이 있어도 멀리까지 그리운 너

멀리 있거나 가까이 있거나
내 마음속 시로 꽃피는 너

텔레파시 · 3

오른손이 왼손을 부르지도 않았는데
왼손이 거룩하게 오른손에게 왔습니다
기도입니다

오른손과 왼손이 다정스레 손잡고
꽃길이든 가시밭길이든 함께 걷습니다
사랑입니다

우주에서 가장 빛나는 별이
내 눈에 파도처럼 부서집니다
그대입니다

멀리 떨어져 있어도 가까이 있고
말하지 않고도 말을 합니다
이심전심입니다

절친

선암사가 송광사를 만나러 갈 때
내장사가 백양사를 찾아갈 때
동학사가 갑사를 보러 갈 때
상원사가 월정사를 부를 때
증심사가 원효사를 보고 싶어 할 때
신흥사가 백담사를 그리워할 때
내 심사가 그대 심사를 읽을 때
모두가 아름답고 속 깊은 친구들이다

신

양심 앞에 신을 부르십시오
신앙심이 됩니다

헌 뒤에 신을 놓으십시오
헌신짝이 아니라 헌신이 됩니다

사랑은 믿음이요 헌신입니다
바로 당신입니다

그대에게 보내는 함 선물

깨끗함
산뜻함
순수함
화사함
고귀함
위대함
함께함
뿌듯함
사랑함
행복함

함 사시오

내가 여러분에게 드릴
함 사시오, 함

함 속에는 뭐가 있을까요?

그윽함
깨끗함
다정함
따뜻함
뿌듯함
사랑함
순수함
아련함
영원함
언제나 최선을 다함

함 사시오, 함
내 마음이 들어 있는 함 사시오

궁금

호랑이일까, 나비일까?
호랑나비

오리일까, 너구리일까?
오리너구리

개미일까, 거미일까?
개미거미

쥐일까, 여우일까, 원숭이일까?
쥐여우원숭이

너일까, 나일까?
아니, 우리

선과 곡선

직선은 곡선이다
지평선도 수평선도
지구처럼 둥글다

직선은 곡선이다
쭉 뻗은 대나무도
부챗살 펼치면 둥글다

곡선은 직선이다
둥근 해의 사랑이
직선으로 꽂힌다

곡선은 직선이다
둥글둥글 내 마음
늘 한결같이 뻗어 있다

직선은 곡선의 거울
곡선은 직선의 나
거울 속에서 나를 본다

문학

당신은 열린 감옥
어디로 갈까?

원고지 빨간 벽돌
흰 마음의 집

셰익스피어도 괴테도
이태백도 나도

문턱이 닳아지도록
당신 보러 갑니다

코뿔소

코뿔소는 지구다
코뿔소 큰 몸집에는
유라시아판, 인도판
아프리카판, 태평양판
온갖 판, 서로 붙어 있다

코뿔소 움직일 때마다
판구조 지각 변동
사람들 지진에, 해일에
문화와 문명이 사라지고
기도 속에 경외만이 남았다

발레

하늘을 나는 학인가
호수를 누비는 백조인가

아다지오, 알레그로, 아라베스크
발롱, 바뜨리, 를르베

몸으로 그림을 그리는가
몸으로 노래를 하는가

포인트 슈즈, 튀튀
나도 덩달아 하늘을 나네

음악

그대 신발은 음표
어디로든 떠나는 여행

모나코든 시드니든
내 심장은 오페라하우스

영화를 만나면 영화음악
환자를 만나면 치료 음악

아, 진주의 눈물꽃이 펑펑
온 세상에 피어나누나

피아노

피아노는 바다다
흰 파도 철썩철썩

피아노는 징검다리
검정 돌 폴짝폴짝

손가락 왔다갔다
쇼팽이 왔다갔다

88건반 여행하면
팔팔 힘이 넘쳐요

바이올린

그대는 강물이어라
내 가슴속 깊이 흐르는

그대는 우주여라
내 눈에 어리는 별빛

그대는 활이 없어도
내 가슴 뚫어라

그대는 오케스트라의 진주
내 인생의 전부

골프 · 1

멀리 날아가면
가까워지고
함께 걸어가면
더 가까워진다

호수와 사막으로
때론 덤불 숲으로
평지만을 간다면
인생은 재미없지

멈춰 있는 작은 공
하나 꿈은 커
앨버트로스 날개
창공을 가른다

홀컵 속에 빠지면
참 행복하고
그대 품에 빠지면
더없이 행복하다

골프 · 2

나도 새 키우고 싶다
버디, 이글, 앨버트로스, 콘도르

세월이 가도

세월이 가도
안 가는 게 있더라

너
바로 너

만유인력

내가 그대에게
가는 마음

그대가 내게
오는 운명

우리 사랑
서로 잡아당기는
마법의 힘

폐타이어

나도 한때는 씽씽 달렸다
과속도 해 보고
추월도 해 보고

나도 한때는 거칠게 살았다
자갈길도
빙판길도

근데 살아 보니 별 거 없더라
내 몸 닳아지고 나니
아무도 알아주지 않더라

이제 나이 든 친구들과 함께
옛이야기나 굴리며
허무한 가슴 달래야지

좋은 사람

혼자 걷다가 생각나는 사람
돌을 던지면 호수가 되는 사람
침을 뱉으면 꽃이 되는 사람
술을 마시면 단풍이 되는 사람
가벼우면서도 무거운 사람
투정부렸다 멀어져도 다시 보고 싶은 사람
많은 사람들에게 종교가 되는 사람
나쁜 사람, 좋은 사람 가리지 않는 사람
바로 당신

오랜 벗

바람에 스친 꽃잎인 줄 알았는데
마음속에 맺힌 인연이었네

금방 사라지는 물거품인 줄 알았는데
바다 같은 가슴으로 날 안아 주었네

잠시 뿌려지는 소나기인 줄 알았는데
너럭바위가 되어 나를 앉게 하였네

아침 햇살에 사라지는 이슬인 줄 알았는데
마음 편히 걸을 수 있는 오솔길이었네

금방 꺼지는 폭죽인 줄 알았는데
내 인생 길 밝히는 등대였네

언제나 눈감아도 내 안에 반짝이는 별
영원히, 영원히 나의 추억이라네

만날 때와 헤어질 때

그대를 만나러 갈 때는
'쇼스타코비치 왈츠 2번'으로
'나타샤 왈츠'로

그대와 만날 때는
비발디의 '폭풍'으로
때로 삼바로, 살사로, 재즈로, 플라밍고로
아주 막무가내로

그대와 헤어질 때는
춘향의 '옥중가'로
아다지오로

처서(處暑)

여름이 간다고 매미가 운다
가을이 온다고 귀뚜라미 운다

매미와 귀뚜라미처럼 나도 운다
여름과 가을 사이 내 몸살

9월

석류 얼굴 붉어라
코스모스 춤

귀뚜리 가을 노래
나는 콧노래

배고파도 불러라
황금벌판은

산책도 시가 되네
우리 마음은

폭설

눈눈눈눈눈눈눈눈눈눈
눈눈눈눈눈눈눈눈눈눈
눈눈눈눈눈눈눈눈눈눈
눈눈눈눈눈눈눈눈눈눈
눈눈눈눈너나눈눈눈눈
눈눈눈눈눈눈눈눈눈눈
눈눈눈눈눈눈눈눈눈눈
눈눈눈눈눈눈눈눈눈눈
눈눈눈눈눈눈눈눈눈눈

대설특보

내가 너에게로 가는 길은
발자국이 생기지 않는다
언제나 꿈길이니까

눈꽃, 꽃잎 하나하나가
너였다가 나였다가
결국은 우리였다

히말라야 안나푸르나에서
눈 속에 푹 빠졌다
너에게 푹푹 빠졌다

대설주의보든 대설경보든
교통이 두절되어도 좋았다
너의 함박웃음은 내게 늘 함박눈이었다

발자국

하이얀 눈 위에는
토끼 발자국

그 옛날 바위에는
공룡 발자국

꿈에 오시는 임은
발자국 없네

날개 달고 오시는
천사인가 봐

눈길

토끼가 지나가면
토끼 발자국

사슴이 지나가면
사슴 발자국

친구가 지나가면
친구 발자국

짝사랑 지나가면
발자국 없어요

흰나비 훨훨 나는
꿈길이니까

시간

어제는 미안했고
오늘은 사랑하고
내일은 그리워라

달력

해마다 연말이면 찾아오는 그대
반갑게 맞이하다가도 멈칫
정말 그대가 선물한 날들을
온전히 잘 보낼 수 있을지

해마다 연말이면 작별하는 그대
아쉽게 보내다가도 아차
과연 그대가 선사한 날들을
후회 없이 잘 보내왔는지

어제는 아름다운 추억
오늘은 즐거운 생활
내일은 기다려지는 꿈
이 모두가 그대 덕분이노라

날마다 기념일이 되도록
달마다 축제의 달이 되도록
벽에 붙어 고행하는 그대에게
내 뜨거운 가슴을 보내노라

어제, 오늘, 내일에게

어제야, 고맙다
오늘아, 예쁘다
내일아, 빛나라

어제, 오늘, 내일 2행시

어제

어,
제가 다녀온 추억입니다

오늘

오!
늘 고맙습니다

내일

내 마음속에
일찌감치 와 있는 희망

두 부류의 사람

감동을 주는 사람은
심금을 울리고
감정을 주는 사람은
주먹을 울린다

처음부터 끝까지 - 사랑

ㄱ   그대를 사랑하기 위해
ㄴ   내가 존재해
ㄷ   대나무처럼 강직하게
ㄹ   라일락처럼 향기롭게
ㅁ   마음은 언제나
ㅂ   보고 싶은 그대에게
ㅅ   사랑해, 사랑해
ㅇ   영원히 사랑해
ㅈ   지고지순한
ㅊ   첫사랑을 줄게
ㅋ   커다란 내 사랑
ㅌ   토마토처럼 풋풋하게
ㅍ   파도처럼 밀려간다
ㅎ   하루 종일 그대 생각

제4부
별 낚시터

미리 가 본 미래

2030년
음주운전 단속은 헛일
대부분 무인자동차 이용
단속 대상 사라져

2040년
공기 정화까지 하는 건강담배 출시!
각급 고등학교에서는
담배를 피우지 않는 학생들을 적발,
대학 입시에 불이익이 따를 거라고 경고!

2050년
해일, 지진 발생 등
각종 재난 발생 시
공중으로 뜨는 집 탄생

2060년
고도의 인공두뇌 칩 개발
따로 공부할 필요 없어
학생들 학교 갈 필요 없음

2070년
지구를 반으로 쪼갤 수 있는
엄청난 파괴력의 신무기 개발
핵무기 무용론 대두

2080년
우주 관광시대 본격화
화성 신혼여행 상품 나옴.
화성에 '허니, 영원히 사랑해♡'라고
낙서하고 온 신혼부부 신부
범칙금 납부와 우주여행 제한

2090년
고도의 의학 발달로
죽지 않고 영생할 수 있는 세계가 됨

2100년
인간이 신의 경지에 오르고
종교가 사라짐

2110년
그때 가서 생각해 보시게요~^^)/*

광부 아버지

새카만 갱 막장에서
아버지는 석탄을 캤다

자신의 몸뚱어리
석탄 된 줄도 모르고

아직도 연탄불 일구시네
홀로 된 세월 지피시는 어머니

나의 집

아버지는 내 인생에
니스 칠을 해주셨다

평수도 없는 집에
돼지도 닭도 한 식구였다

내가 누운 마루는
평생 금빛 햇살이었다

집이 없어도 좋았다
추억을 먹고 살았다

좋은 집안과 나쁜 집안

좋은 집안

옹기종기
도란도란
소곤소곤
방긋방긋

나쁜 집안

티격태격
우격다짐
갈팡질팡
비틀비틀

낚시

시인은 낚시를 해도
고기를 낚지 않고 시를 낚는다

한 시, 두 시, 세 시
세월은 가고
너는 안 오고

귀 먹먹, 코 훌쩍
가슴이 먹먹
너는 아니 오고

어디 달빛을 미끼삼아
시 한 줄 눈물로 잡아 볼까?

휘영청 휘청
달빛 머금은 바다는 출렁
이내 가슴은 철렁

팽팽한 긴장의 시줄
만날 수 없는 너를
꿈속에서 드디어 만나는구나

세월 속에서 잡아 올린
월척, 그래 너
텔레파시!
보고 싶단 말이시!

별 낚시터

낚싯대도 없이
바라만 봐도 되는 낚시터

미끼도 뜰채도 어망도 없이
그저 눈에 담는 낚시터

가끔은 내 눈에 큰 별이 와서
파닥파닥 빛나는 낚시터

시도 낚고 세월도 낚는
나만의 월척 꿈의 낚시터

별 낚시

좋은 자리, 별자리
아무 데나 내 자리

낚싯대 없이
미끼도 없이

별똥별 월척들이
펄쩍펄쩍 나들이

낚시 망 없이
뜰채도 없이

내 눈 속 고기들이
반짝반짝 빛나니

번뇌도 없이
욕심도 없이

사진 한 장

아름다운 것은
과거에 있고

그리운 것은
현재에 있으며

가슴 설레는 것은
미래에 있다

너는
사랑하는 너는

과거에도 있고
현재에도 있으며
미래에도 눈부시게 있다

석양의 선물

붉은 해가 그린
동양화 한 점

물감도 붓도 없이
그냥 스스럼없이

굳이 다른 그림은
볼 필요 없네

해는 산이불 덮고
잠자러 간다네

월드컵 축구

좌절이 왔을 때 발로 차
절망이 왔을 때 발로 차

공은 둥글고 세계도 둥글다
그대 둥근 맘을 헤딩 슛~ 해 봐

승리는 모두가, 추억은 영원히
푸른 잔디 골대 안에 푸른 꿈 넣어 봐

사의재(四宜齋)에서

정약용은 인품을 갖추고도
더 갖추려 애를 썼으니
맑은 생각과 엄숙한 용모
과묵한 말씨와 신중한 행동이 그랴

나는 주모가 따라주는 술에 취해
밤하늘 별의 빛남을 보지 못하고
숲의 어여쁜 새소리를 듣지 못하니
그저 아무 데나 오줌 누기 바쁘네 그랴

행복한 스트레스

일은 휴식을 위한 스트레스
병은 치유를 위한 스트레스
돈은 안심을 위한 스트레스
시험은 합격을 위한 스트레스
걱정은 안정을 위한 스트레스
절망은 희망을 위한 스트레스
망각은 기억을 위한 스트레스
그리움은 사랑을 위한 스트레스

아, 당신이 있는 한 모두 행복한 스트레스

선운사(禪雲寺)

선운사 내원궁
도솔암 마애불

구름은 조각배
어디로 가나

동백꽃, 꽃무릇
임 얼굴 단풍

시냇물 둥둥 떠서
내게로 오지

경복궁(景福宮)에서

오백 년 조선 역사가
눈 앞에 펼쳐지니
오천 년 역사를
가히 짐작하겠구나

만 년의 세월이
찬란히 빛날지니
억조창생들이여
복 듬뿍 받아라

북악을 병풍 삼고
관악을 섬돌 삼아
용이 꿈틀거리니
천지가 열리도다

백성이 왕보다 높고
광화문 문턱 낮으니
온 세상 사람들이
구름처럼 밀려오도다

운주사(雲住寺)에서

운주사에 갔더니
내 찾던 스님
아니 계시고
구름꽃 몇 송이만

와불은 주무시고
탑은 수행 중
천 불 천 탑 마당에
번뇌도 감사

부석사(浮石寺) · 1

마음 비우러 갔다가
채우고 왔네

떠 있는 돌의 절에서
외려 차분하다니

경 외우지 않고도
부처님 마음

풍경처럼 설레어
돌아서 왔네

부석사(浮石寺) · 2

마음이 저절로 가볍고
스스로 풍경(風磬)이 되고
연꽃 웃음을 웃을 줄이야

불경을 외우지 않고
절을 하지 않고도
깨달음을 얻을 줄이야

번뇌도 잊어버리고
욕망도 잃어버리고
내가 누구인지도 모를 줄이야

무량수전 옆 떠 있는 돌이
우주의 별들을 다 담아서
나의 시간을 찬란히 빛낼 줄이야

문수사(文殊寺)에서

청량산(淸凉山) 문수사(文殊寺)
청단풍 숲길

나무들 다정하니
새 웃음소리

바람 물결에 햇살
풍경(風磬)이 풍경(風景)

그대 쌓은 돌탑에
내 맘 얹었네

천자암(天子庵)

굽이굽이 비탈길
천자암 가는 길

쌍향수는 향나무
나무관세음

세월은 구름 따라
구름은 바람 따라

텅 빈 파란 하늘만
담고 옵니다

장군목(將軍-)에서

용궐산, 무량산 두 장군 앞에
섬진강물 시 쓰며 걸어가네

돌개구멍에게 시 한 수 전하고
세월 따라 또 유유히 걸어가네

저절로 요산요수가 나를 따르니
수억 년의 세월도 나는 필요 없네

저 요강바위와 맑은 물의 만남처럼
윤회의 아름다운 사랑 나누리라

박수근 미술관(朴壽根美術館)에서

빨래터의 여자들
비누 없이 빨래하여도
옷들은 메밀꽃입니다

엄마 등에 업힌 아이는
젖 먹지 않아도
꿈 먹고 자랍니다

시장의 세 여인
과일은 다 못 팔아도
광주리는 보름달입니다

그림 밖에서 수근수근
소박한 당신을 보다가
납작납작 나를 봅니다

자작나무 숲에서

청신한 바람결에
파이프 오르간 소리

자작나무 보러 왔는데
내가 자작나무가 되네

과거도 미래도 오롯이
현재를 위해 있는 것

그대 보러 왔는데
내가 그대가 되네

자작나무 숲

성당에 들어온 듯
은은한 고요의 세상

그대 안에 있으면
모든 것 가질 수 있네

어떻게 가진 것 없이
모든 것 가질 수 있을까?

저절로 하늘 우러르네
그대 안에 안겨 있으면

자작나무

아침 일찍 일어나 기지개 켜고
햇살과 한껏 입맞춤합니다

싱그러운 바람에 떨리는 잎술
나날이 커져 가는 그리움

은은한 달빛, 온몸으로 껴안고
사랑하는 그대를 기다립니다

매화로, 소나기로, 단풍으로, 하얀 눈으로
사계절 내내 오실 수 있지요? 그대!

전동성당(殿洞聖堂)

종교가 없어도
신앙이 되는 세상

미사 드리지 않아도
기도가 되는 나라

거룩하고 성스러운 당신
생각만으로도 축복인 것을

당신 곁에 있으면
나는 하얀 나비입니다

피아골에서

어리석은 자가 오르면
지혜로운 자가 되는 지리산

그 산의 10경 중 피아골 단풍
나는 여기서 단풍보다 먼저 물들었다

천 년 전의 물이 그대로 와서 흐르고
천 년 전의 구름이 또 흐르고 있구나

바위에 물이 부딪히며 가는 인연
천 년보다 당신은 더 많이 부딪히네요

그래, 구례(求禮)

구례는 좋겠다
섬진강이 껴안아 주니까

구례는 평화롭겠다
지리산이 지켜 주니까

구례는 행복하겠다
운조루, 사성암이 아늑하니까

구례는 자비롭겠다
화엄사, 연곡사가 기도하니까

그래, 그래, 구례는
그래서 사랑받겠다

제5부

독도(獨島)에게

여행 · 1

다녀온 곳은 추억이고
다니는 곳은 기쁨이고
다녀올 곳은 설렘이다

나는 배, 그대는 섬
그대라는 섬에 가고 싶다

여행 · 2

여행은 떠나면서
자기에게 돌아오는 것

발은 앞으로 가고
발자국은 뒤로 남는 것

여행은 함께하면 좋고
혼자 하면 더 좋은 것

여행은 업적보다 거룩하고
황금보다 고귀한 것

바다

바다에 가지 않고도
바다를 볼 수 있다

내 마음 다 받아 주는
그대라는 바다

오늘도 그대 품속에서
설~레~는~ 섬~하~나

섬

화산이 폭발하고 나면
섬들은 아름다워진다

산토리니도 하와이도
제주도도 울릉도도

그대는 아름다운 섬
파도도 시 쓰며 부서진다

그 섬에 술병이 되어
나는 나뒹굴어도 좋다

파도

소주로 왔다가
맥주로 부서지는 너

사랑으로 왔다가
그리움으로 밀려가는 너

그래, 그래 내 인생도
너처럼 흐느껴 운다

해파랑길 · 1

동해 푸른 바다 보며
자주 걷다 보니
이제 해가 뜨지 않아도
가슴속에서 해가 떴다

통일전망대에서 부산까지
무려 750킬로미터
걷다가 발에 물집이 생겨도
가슴속에선 해당화가 피었다

구간, 구간 이름이 있지만
그 이름은 이제 의미 없으리
줄기차게 걷고 또 걷다 보면
내 스스로에게 가고 있는걸

해파랑길 · 2

산이 바다가 보고 싶어
내려와 발걸음 멈추었다

바다도 산이 보고 싶어
푸른 가슴을 들이밀었다

그 둘 사이에서 나는
산과 바다의 마음을 읽었다

내가 걷는 모든 길이
꽃길이었다, 꿈길이었다

서해 5도

섬은 섬끼리
모여서 산다

백령도, 대청도
그리고 소청도

섬은 섬끼리
그리워하며 산다

대연평도, 소연평도
그리고 우도

그래 우리도
섬이 되어 살자

서로 사랑하는 섬
서로 그리워하는 섬

백령도(白翎島)

그대 섬이여!
북을 바라보는 섬이여!
통일을 기다리는 섬이여!

그대를 만나면
그대 주위 맴도는 물범이고 싶다
장산곶 앞바다 풍덩, 심청이이고 싶다
서로 얼굴 비비는 콩돌이고 싶다
두무진 가슴에 부서지는 파도이고 싶다

그대, 나의 섬이여!
꿈을 그리는 환상의 섬이여!
사랑을 기다리는 낭만의 섬이여!

두무진(頭武津)

하늘에 있어야 할 섬
늙은 신의 마지막 작품
술 마시지 않고도 취케 하는
그대 덕분에
나도 신선이 되었노라

파도야, 너는 아느냐
수억 년 층층이 쌓은 그리움
한 번 가슴에 담으면
영원을 사랑하게 되리라
오직 그대만이 감동이리라

대청도(大靑島)에게

하늘도 푸른데
너마저 푸르구나

너는 행복하겠다
백령도 친구가 있어서

너는 좋겠다
동생 소청도가 있어서

나도 너무 행복하고 좋아라
너의 가슴에 푹 안겨서

울릉도(鬱陵島)

당신은 푸른 바다
나는 작은 섬

당신 품에서 나는
당신을 꿈꾸어요

당신은 넓은 사랑
나는 그리움

하늘같은 당신 없으면
나도 없지요

속초(束草)

바다도 깊고 푸른데
영랑호, 청초호
맑고 고운 얼굴까지
아름다운 자태로다

설악도 높고 기막힌데
토왕성, 비룡폭포
굵고 힘찬 기운까지
늠름한 모습이도다

수많은 별들이 내려와
신선으로 살고
아바이 순대와 물회에
날 잊은 세상

아, 그대 가슴에
파도가 되고파라
아, 그대 얼굴에
입술을 묻고파라

독도(獨島) · 1

일월성신을 품고 사는 너
그래서 나에게는 별인

멀리 있어도 가까운 너
그래서 나에게는 늘 사랑인

눈감아도 보이는 너
그래서 나에게는 너 하나뿐인

대한민국의 영원을 노래하는 너
해서 우리도 영원히 하나인

독도(獨島) · 2

해가 처음 뜨는 곳에
빛나는 그대가 있다
대한민국이 있다

작고 외로운 섬이어도
마음으로 걸어가는 육지여!
거기에 대한민국의 등대가 있다

하루 종일 바라봐도
그립고 또 그리운 사랑이여!
거기에 겨레의 푸른 역사가 있다

쓰나미의 과욕 첩첩 밀려와도
굳건히 온몸으로 나라 지키는
오오, 대한민국의 영원한 수호천사여!

독도(獨島)에 대하여

독도 앞바다는
파도도 태극기다

어느 악의 무리가 감히
푸른 가슴을 넘보느뇨?

대한민국 온 국민의 정신이
핵보다 강한 무기로다

독도는 대한의 신앙이요
세계 평화의 등대로다

독도(獨島)에게

울릉도보다 한라산보다
작지만 더 큰 형이여!

언제나 가슴속에
떠 있는 사랑이여!

멀어서 더 가까운
그리움이여!

강치는 사라졌지만
태극기 힘차게 펄럭이노라

영원히 빛나라
대한의 등대여!

지구를 책임져라
대한의 영혼이여!

채석강(彩石江)에서

하늘이 바다인지
바다가 하늘인지

그대가 나인지
내가 그대인지

채석강(彩石江)

강인 줄 알았는데
처얼썩 바다더라

사랑인 줄 알았는데
그리움이더라

그대는 그냥 바다
나는 소라껍데기

그리움인 줄 알았더니
영원한 사랑이더라

다도해(多島海)·1

섬들은 날마다
좌욕을 한다

하늘도 바닷물도
청정한 마음

성스러운 맘으로
비구름 샤워

천 년 얼굴, 만 년 세월
웃으며 산다

다도해(多島海) · 2

섬들은 각각 떨어져 있는 것 같지만
섬들은 물속에서 서로 손잡고 논다

바다는 섬과 섬을 갈라놓은 것 같지만
바다는 섬끼리 서로 그리워하는 법을 가르친다

섬들은 태풍을 원망하지 아니하고
섬들은 거친 바람도 온 가슴으로 맞이한다

바다는 거센 파도로 화를 내고 있는 것 같지만
바다의 깊은 가슴은 수많은 생물을 살게 한다

너와 나 그리고 우리도 섬처럼 바다처럼
너그럽고 고귀하게 사랑하는 법 배우며 살겠네

목포(木浦)

섬들은 아기처럼
품에 안기고
목포는 바다 같은
엄마가 된다

제주도, 홍도 배에
이 몸 태울까
유달산에 달이 뜨면
그대는 별 되리라

사랑하면 그리웁고
그리우면 사랑하니
아, 그대는 정녕
내 청춘이런가

눈물 속 세월 가고
이별에 사랑 가도
삼학도 옛 추억이
가슴에 밀려드네

흑산도(黑山島)

바다 운동장에서
뛰노는 섬

대장도랑 영산도랑
멀리 홍도랑

가거도 보고 싶어
상중하태도

육지에 가고 싶어
홍어 싸 들고

홍도(紅島)

부르기 전에
먼저 가 있었다

사랑하기 전에
먼저 그리워 ₩했다.

섬이면서 육지인 섬
섬이면서 내가 된 사랑

그대에게 취해
나를 잊어버렸다, 잃어버렸다

홍도(紅島)에게

붉으면 어떻고 검으면 어떠리
그대 어여쁜 모습이

멀면 어떻고 가까우면 어떠리
그대가 사랑이고 그리움인데

오늘도 석양빛 그리움으로
그대에게 가노라, 꿈으로 가노라

그대가 섬이면 어떻고 뭍이면 어떠리
그대는 늘 이내 가슴에 묻혀 있는데

천사대교

천사대교를 건너면
천사가 될 수 있을까?

섬과 섬이 만나면
무슨 얘기 나눌까?

1,004개의 보물섬 신안에서
나는 어떤 보물을 얻을까?

아니야, 바다에게 다 주고
난 순수한 마음만 가질래

진도(珍島)의 섬들은

진도의 섬들은
아리랑을 부를 줄 안다

진도의 섬들은
덩실덩실 춤출 줄 안다

진도의 섬들은
그림 그리고 글 쓸 줄 안다

진도의 섬들은
슬픔을 기쁨으로 만들 줄 안다

조도, 관매도, 동거차도, 서거차도
심지어 무인도까지
진도의 섬들은
서로 안부 묻고 도타운 정 나눌 줄 안다

완도 금당도(莞島金塘島)

하늘에는 바다가
바다에는 하늘이
그렇게 마주 보고
서로 그리워하듯이
뜻밖의 행운 그대는
내일도 추억입니다

나에게는 그대가
그대에게는 내가
이렇게 마주 보고
서로 사랑하듯이
저절로 행복한 나는
오늘도 기쁨입니다

생일도(生日島)

날마다 생일인 섬
촛불 켜고 기다리는 섬

날마다 축복을 선물하는 섬
날마다 꿈을 주는 섬

나는 그대의 늠름한 해송이고 싶다
그대에게 부딪치는 파도이고 싶다

순천만(順天灣)

순천만 가지 마라
한 번 가게 되면
또 가고 싶으니까

노랑부리저어새
흑두루미, 왜가리
나도 하늘 날고 있다

순천만 사랑하지 마라
한 번 사랑하게 되면
자꾸 그리워지니까

갈대처럼 흔들리다가
용산 해넘이 보면
내 얼굴도 붉어진다

거금대교(巨金大橋)에서

소록도 손 뻗으니
거금도 악수한다
하늘은 바다 거울
바다는 하늘 거울

금진항, 녹동항을
등대 삼아 세우니
천관, 제암, 일림산
바다 병풍이로다

거금도 적대봉은
아버지의 마음
정남진 득량만은
어머니의 품

소화도, 대화도는
형님 동생 부르고

상화도, 하화도는
아기자기 금실 좋다

제주도 가는 길에
금당도 벗을 삼고
섬섬이 불러내어
하늘 영화 보려 한다

소록, 거금 바다 산책
구름 위를 걸어가니
천하 재산 다 주어도
아무 쓸모 없겠구나

여수(麗水) · 1

여수 사람이 여수를 구경하네
옛날 꼬막 엎어 놓은 것 같은 집들도
물동이 이고 계단 오르던 달동네도
모두가 멋진 전망대가 되어 있다네

여수 사람이 또 여수를 구경하네
거문도, 초도, 손죽도 여러 섬 다독이며
돌산대교, 거북선대교도 서로 손잡고
밤하늘 별 내려온 밤바다 바라본다네

여수 사람이 또또 여수를 구경하네
나폴리, 두브로브니크 갈 필요 없이
사랑하는 그대와 내가 근심, 걱정 없이
지금은 크루즈 유람선에 오동동이라네

여수 사람 아니라도 여수를 구경하네
구봉산, 종고산 허리 돌아 장군도
고운 눈에 맑은 물, 향일암 해를 보듯
오매, 오매 넋을 잃고 서로를 바라보네

여수(麗水) · 2

그대 가슴에 파도가 치면
내 가슴은 언제나 뱃고동

나폴리, 니스, 모나코
다 가 보았어도…

갈매기 나래, 동백꽃 웃음
향일암의 마음

오늘도 그대 항구에
나를 정박시킨다

향일암(向日庵)

날마다 이른 아침
목욕재계하는 선녀

바닷물도 어쩔 줄 모르고
붉은 몸살 해댄다

풍경(風磬) 물고기마저
풍덩 바다로 뛰어들고

빈 하늘 나무손이
선녀 옷 쥐고 있다

여수 개도(蓋島)에서

개도 섬에 가서 나도 섬이 되었다
야도, 제도, 자봉도, 월호도 불러
막걸리 한 잔씩 마시고 있는데
돌산도, 금오도, 낭도, 나로도까지
먼 길 마다 않고 한걸음에 달려왔다
서로 어깨동무, 바다의 노래 불렀다
섬은 바다 되고, 바다는 섬 되었다
나는 그대 되고, 그대는 나 되었다
개도 섬에 가서 나는 바다처럼 취했다
바다도 나를 보고 취해서 비틀거린다
섬과 바다는 그렇게 사랑하며 산다
나와 그대는 이렇게 그리워하며 산다

거문도(巨文島)

동도, 서도 마주 보고
고도를 품으니
늘 가슴 따뜻하여라

파도꽃은 예쁘고
동백꽃은 수줍고
웃음꽃은 빛나라

섬이어도 섬 아닌
온통 내 안에 사는
그리운 사랑

당신의 등대가 되어
나, 여기 있을 테니
어서어서 오시라

사량도(蛇梁島)에서

사량도는 다정한 연인
상도는 하도를 사랑하고
하도는 상도를 따른다

사량도는 즐거운 섬
농가도 징검다리 삼아
수우도와 얘기하고
연화도, 욕지도에게
손 흔들어 방긋 인사한다

사량도는 행복의 섬
먼발치 지리산을 바라보고
바다를 가슴에 담고
파도 노래 들으며 산다

마음 부자가 되려면
사량도에 가 보시라
사량도를 품에 안으면
사량도 저절로 아름다워라

백도(白島)

옹기종기 배처럼
떠다니는 섬

내 맘에 쏙 들어와
나갈 줄 몰라

푸른 바다 가슴에
하얀 꽃 송이송이

상백, 하백 섬섬이
두둥실 꽃밭

욕지도(欲知島)

나는 아직 당신을 잘 모릅니다
그래서 더 알고 싶습니다

대한민국 서른여섯 번째로 큰 섬
당신에게서 사랑을 배웁니다

당신은 연화, 비진, 한산, 미륵을 껴안고
통영으로 향합니다, 통일로 갑니다

당신은 아름다운 섬이면서 꿈의 바다
내 마음은 출렁다리처럼 출렁거립니다

비진도(比珍島) · 1

너는 위, 나는 아래
마주 보는 모래시계

너와 내가 만나서
섬이 되었구나

너와 나, 포옹하며
살아온 세월

너와 내가 만나서
사랑이 되었구나

비진도(比珍島) · 2

아령인가, 모래시곈가
푸른 바다에 8자로 누웠다

몽돌해변에 누워 볼까
선유봉에서 선녀 볼까

한산, 욕지, 연화, 매물
섬섬이 한려의 벗이니

부신 눈을 어디에 둘까
꿈속에서도 함께 자노라

제주도(濟州島)

섬이면서 육지인 섬
내 안의 섬

굳이 가지 않아도 되는 섬
늘 내 안의 섬

예술도 철학도 사랑도
모두 있는 섬

그래서 날마다
꿈에도 노 젓는다

제주도(濟州島)에게

그대는 아름다운 여인
나는 그대에게 부서지는 파도

이제는 그리움 사무쳐
그대에게 가지 않고도 그댈 본다

그대는 눈부신 여인
나는 그대 가슴에 안기는 백록

이제는 한라산 오르지 않고도
날마다 그대를 품고 잔다

성산포(城山浦)에서

성산포에서 우도를 바라본다
우도 못하는 나는 엉엉 서럽다

성산포에서 섭지코지를 바라본다
파도에 길게 내민 그리움의 손길

성산포에서 한라산을 바라본다
은하수 잡힐 듯, 그의 모습도 잡힐 듯

사랑을 휙 바다에 던져놓고 왔는데
그리움이 따개비처럼 척 달라붙었다

다시는 오지 않겠다고 했는데
벌써 추억의 그 사람이 와 있다

다시는 가지 않겠다고 했는데
이미 내 가슴은 유채꽃밭이다

성산포에서 나는 파도처럼 부서졌다
성산포에서 나는 술병처럼 쓰러졌다

소천지(小天池)

백두산 천지는 아니어도
산과 바다와 하늘을 다 담았습니다

아직 담지 못한 것 하나
당신의 마음

쇠소깍에서

배를 띄우지 않아도
이미 내 마음 노 젓네

기쁘지 않아도
내 가슴 어쩔 줄 모르네

깨끗한 민물과 바닷물이 만나듯
우리 그렇게 만나는 물의 나라

사랑하는 사람은 더 사랑하게 하고
그리워하는 사람은 더 그립게 하네

마라도 연가

대한민국 최남단
신비로운 섬

아름다운 그대도
내 마지막 섬

제6부
히말라야

산

산은 끊임없이 움직인다
늘 바람과 구름을 벗하고
우리의 마음까지 움직인다

산은 교실 없는 스승이다
우리에게 지식을 가르치고
삶의 지혜와 교훈을 선물한다

산은 경전 없는 종교다
저절로 믿음을 갖고 찾게 하며
발걸음 꽃걸음이 신앙이 된다

산은 건강을 책임지는 주치의이다
다정한 이와 가슴 벅차 함께 오르니
스트레스와 번뇌를 아예 잊었노라

산은 한 가족이고 천상천하 지존이며
무한한 이야깃거리의 전설이고 신화이며
도를 닦게 하는 무위이며 통천이노라

산과 함께

처음에는 내가 산을 다녔는데
조금 지나니 산이 나를 따라다니더라
그래서 지금은 산과 한 몸으로 사노라

산은

산은 신(神)이다
항상 우러러보니까

산은 종교다
연약한 영혼을 구원해 주니까

산은 어머니다
품속에 안아 주니까

산은 친구다
찾아가면 반겨 주니까

산은 연인이다
늘 보고 싶으니까

산은 선생님이다
인생을 알게 하니까

산은 의사다
병을 낫게 하니까

산은 그림이다
작품을 감상하게 하니까

산은 백화점이다
많은 것을 얻을 수 있으니까

산은 진리다
언제나 변함이 없으니까

산책(山册)

산(山)은 책(册)이다
가슴을 열어놓은 책이다
발로 걸어 다니며 읽다가
마음으로 읽는 책이다

어떤 책은 너무 높아서
히말라야처럼 힘들지만
바라보는 것만으로도
가슴 벅차는 감동

또 어떤 책은 너무 길어서
백두대간처럼 버겁지만
기어이 기어서라도 완주(完走)하면
온몸에 전해지는 법열(法悅)

아, 산은 깨달음의 책!
그 책 속에 푸욱 빠지면
나를 잊고 세상마저 잊는
무(無)의 세계만이 남아 있다

히말라야 · 1

눈이 내리거나 내리지 않거나
당신은 하얀 집입니다

나는 철부지 아이처럼
당신 안에서 응석을 부립니다

하루살이처럼 루클라에 내려
몸 둘 바를, 어쩔 줄 모릅니다

하지만 어디를 가든 당신은
나의 하이얀 축복이고 영광입니다

히말라야 · 2

당신을 만났던 날은
특별한 날이 없었다
모든 날이 기념일이었으니까

당신을 생각하는 날은
아무 기억이 없다
모든 생각이 당신이었으니까

당신은 움직이지 않고
내 마음을 성큼 움직인
하늘 아래 가장 위대한 신

모든 가르침은 당신에게서
모든 사랑도 당신에게서
그래서 오늘도 당신에게 갑니다
나마스테, 나마스테, 나마스테!

히말라야 · 3

드라이아이스 몇 개
쌓아 놓는다고
당신이 될 수 있으랴

높이로 뽐내지 않고
크기로 자랑하지 않는
하얀 영혼의 신성한 집이여!

사진 몇 장 박았다고
몇 번 슬쩍 다녀왔다고
당신을 제대로 알 수 있으랴

넓이로 말하지 않고
깊이로 메아리치지 않는
나의 경외로운 스승이여!

히말라야, 히말라야

바람의 순례길에
룽다가 펄럭인다

바람은 경전을 읽고
경전은 바람을 읽는다

룽다는 다섯 색깔로 태어났지만
하얀색 하나로 해탈한다

히말라야에서는 모두 흰색이다
걸음도 생각도 영혼도 모두 흰색이다

야크 똥은 난로 안에서 혜성이 되고
혜성은 내 몸에 와서 꽃이 된다

히말라야에서는 산소가 부족하여
산소에 가지 않기 위해 산소를 모신다

눈사태도 크레바스도 운명인데
추위와 배고픔은 한꺼번에 동반자

히말라야에서는 꿈도 얼어버리지만
무념무상, 하얀 길로 인도한다

바람의 순례 길을, 꿈길을
오늘도 하얀 걸음 뚜벅뚜벅

히말라야 연가

당신은 아주 머언 옛날
깊고 깊은 바다였다지요

깊고 깊은 바다의 가슴을
넓은 하늘 바다에 옮기시다니

거룩한 당신 품속에서는 제가
감히 누구인지 몰라도 좋아요

하이얀 영혼, 높이 우러러
영원의 사랑 노래하나니

당신은 아주 머언 훗날
깊고 깊은 바다이겠지요

높고 높은 산의 가슴이
깊고 깊은 바다로 돌아가시다니

성스러운 당신 품안에서는 제가
감히 아무 것도 아니어도 좋아요

바람의 경전, 깊이 새기며
세월의 바람 따라가나니

히말라야는

히말라야는 바다다
저 크게 굽이치는 허연 파도
구름들은 파도타기를 즐기고
나무들은 해초처럼 춤춘다

히말라야는 학교다
삶의 지혜를 가르치는 스승
이 교실 눈 폭풍, 저 교실 산사태도
나마스테, 나마스테 영혼의 울림

히말라야는 지구의 별이다
생각만 해도 반짝이는 가슴
저 별의 가슴에 설레며 잠들면
나도 어진 별이 되는 것일까

히말라야는 살아 있는 꿈이다
꿈속에서 또 꿈꾸는 나는 장미
가쁜 숨으로 발자국 향기 남기니
내가 히말라야인가, 내가 꽃인가

다시, 히말라야

당신을 생각하는 것만으로도
두근두근 가슴 벅차오릅니다

당신의 넉넉한 품속에 안겨서
당신의 거룩한 숨결을 느낍니다

당신의 하얀 혈액을 헌혈 받으면
내 몸과 마음은 온통 하이얀 세상

당신은 높은음자리 하얀 피아노 건반
지구의 심금까지 울리는 연주

안나푸르나, 랑탕, 체르코리, 칼라파타르
다시, 나는 순수한 당신의 연인입니다

히말라야 고락셉의 밤

내가 자고 있는 것이냐
별이 자고 있는 것이냐

나는 침낭 속에서 미라가 되었으나
야크의 울음소리를 내며 꿈꾸었다

꿈마저도 동태가 되어 얼어버리고
고산병이 찾아와 나와 놀아주었다

칼라파타르도 베이스캠프도
나와 동침했던 하얀 나라의 추억

너는 무엇 때문에 여기 있는 것이냐
너는 무엇 때문에 살고 있는 것이냐

안나푸르나

걸음, 걸음, 한 걸음
걷다가 보면
당신이 보이겠지요

걸음, 걸음 천 걸음
걷다가 보면
당신이 보일 듯

걸음, 걸음 만 걸음
걷다가 보니
당신이 보입니다

걸음, 걸음 수만 걸음
걷다가 보니
나도 보입니다

걸음, 걸음 꽃걸음
함께 걷다가 보면
통일도 정녕 보이겠지요?

히말라야가 킬리만자로에게

멀리서 빛나는 그대여
아프리카의 등대여

나마스테, 하쿠나 마타타
서로 인사 나누며

살아 숨 쉬는 영혼으로
우리 함께 지구를 지키자

멀어서 가까운 그리움이여
지구의 아름다운 내 친구여

야크

높은 산에 살며 낮은 자세로 임하고
무거운 짐도 가볍게 여기는 역사(力士)여!

뿔이 있어도 무기로 쓰지 않고
고기까지 대접하는 성자(聖子)여!

털가죽을 벗겨 추위를 물리치게 하고
똥마저도 땔감이 되게 하는구료

티베트고원의 머슴인 주인이여!
히말라야의 눈부신 성직자여!

당신의 발걸음을 뚜벅뚜벅 따르리니
고난과 시련의 눈길도 두렵지 않노라

킬리만자로 · 1

당신은 아프리카의 등대
마다가스카르도 즐거운 항해

당신은 하늘과 땅의 전령사
하늘의 말씀에 땅은 빛납니다

단 한 번의 만남으로 영원한 사랑
영원한 사랑은 첫사랑

당신의 품속에서 나는
고독하지만 외롭지 않은 표범입니다

킬리만자로 · 2

그녀는 멀리서 보면 신비롭고
가까이서 보면 더 아름다웠다

그녀는 알몸으로 누워 있었다
그녀 가슴에 하얀 눈이 내렸다

그녀 가슴은 별들도 좋아해서
그녀 가슴속으로 파고들었다

그녀와 함께 나도 알몸으로 누웠다
그녀의 가슴속에 나도 별이 되었다

돌로미테

산이 보던 산이 아니요
물이 보던 물이 아니니
산수가 모두 인간세계 아니로다

산에 가니 산이 되고
물을 따라 물이 되니
저절로 나도 신선이 되는구나

다툼이 무엇이고
번뇌가 무엇이뇨
오직 감동만이 꽃 피었구나

돌이 보던 돌이 아니요
하늘이 보던 하늘 아니니
내가 나를 알아 무엇하리

돌로미테 트레킹

돌길에 앉은 햇살
햇살 밟고 가네

꽃길에 놓인 이슬
이슬 밟고 가네

숲길에 노는 구름
구름 함께 가네

꿈길에 보인 그대
사랑 함께 가네

코타키나발루 · 1

흰 구름 스카프
하늘 날리고

푸른 바다 욕조에
몸을 담그네

신들도 시기하여
빼앗고 싶은

내 영혼의 안식처
그대의 가슴

코타키나발루 · 2

바다는 산을 사랑하고
산은 바다를 그리워하고

아침 햇살 보석 같고
저녁놀 얼굴 붉고

조금만 아름다워라
조금만 눈부시어라

출렁이는 내 마음
어찌하라고

나부끼는 신바람
어떡하라고

차마고도(茶馬古道)

말 등에 차를 싣고
소금 만나러 간다

가파른 비탈길에
방울종 딸랑딸랑

차를 마시는 것은
인생을 마시는 것

내 마음속 당신도
차 한잔하시구려

차마고도(茶馬古道)에서

차 한 잔 마실 사람을 위해
말 한 무리를 몰고
때로는 야크 한 무리를 몰고
가파른 옥룡설산을 넘고
험준한 메리설산을 넘고
거룩한 샹그릴라를 지나갔나니
찻잎 한 잎 한 잎이 얼마나 귀한가?

한 잔의 차를 마시는 것은
찻잔 속의 우주와 대화하는 일
우려낸 햇살이 쌉싸름하고
그윽한 달빛이 담담하여
말하지 않고도 신선이 되었고
진리의 별을 가슴에 담았나니
번잡한 세상사 물어 무엇하겠는가?

도화곡 폭포(桃花谷瀑布)

하얀 나비 수천 마리
하늘에서 하늘하늘

날갯짓에 무지개도
어쩔 줄 모르고

참 신선을 찾았지만
모두 헛수고

내가 신선 될 줄은
예서 알았네

구채구(九寨溝)

애써 그림을 그릴 필요 있겠는가?
수만 폭 그림 그려져 있는 걸

굳이 낙원을 찾을 필요 있겠는가?
여기가 무릉도원인 걸

아무리 신들이 시기하여 지진을 일으켜도
심금을 울리는 것보다 더하랴

신선을 찾아 여기저기 헤매었으나
여기서 나는 저절로 신선이 되어버렸네

백두산(白頭山)

높이 치솟은 봉우리
한 겨레의 나부끼는 깃발이여
백두대간 손잡고 뻗쳐온 산하
그대 넓은 가슴에 푸른 하늘 담고
우리 뜨거운 가슴엔 그대 담으리

그대 이름은 백두산
결코 장백산이 되어서는 안 된다

그 어떤 이름이 되어서도 안 된다
독도가 죽도가 되어서는 안 되는 것처럼

발해를 향해 뻗은 빛나는 눈동자
오, 배달의 맥박이여!
만주 벌판 말발굽 웅혼한 기상
그대 깊은 영혼에 통일의 꿈은 펼쳐지고
우리 빛나는 열망에 그 소원 이루리

그대 이름은 백두산
결코 부동산이 되어서는 안 된다
그 어떤 욕망의 땅이 되어서도 안 된다
한반도가 열도가 되어서는 아니 되는 것처럼

오오, 우리의 우주여, 영광이여!
성신의 축복 받은 거룩한 이름이여!

백두대간 징검다리

지리산 건너 덕유산 폴짝
속리산 건너 소백산 폴짝
태백산 너머 오대산 쉬고
설악산 너머 금강산 어디

금강산 여기 두류산 지나
아무산 훨훨 백두산 천지
이렇게 쉬운 백두대간 길
함께 걸어서 백두산 만세

설악산(雪岳山)

봉우리에 걸린 반달을 돛 삼아
구름 물결 노 저어 서(西)로 가자

배우지 않아도 깨닫게 되고
저절로 신선이 되게 하는 가슴

하늘과 바다 나눌 필요 없고
선과 악 구별할 필요도 없다네

날개를 달지 않아도 날게 되니
이 들뜬 마음, 어찌 감추리

설악산 연가(雪嶽山戀歌)

구름바다 저 섬에
배를 띄우고
노 젓지 않으리라
저절로 가니

마음 바다 이 섬에
정을 띄우고
부르지 않으리라
저절로 오니

오르면 기쁨이요
보면 즐거운
저절로 신선이라
날개도 없이

정들면 단풍이요
미우면 설운
저절로 그리워라
세월도 없이

설악부(雪嶽賦)

설악산은 바위가 굴러도
여럿이 함께 구른다
천불동 바위 연꽃잎 같이 하나둘
비선대, 와선대 동동 굴러
설악동 아래 천 년을 머물다가
돌이 되고 또 만 년을 굴러가
동해 바닷가 모래가 되었구나

설악산은 물이 흘러도
붓글씨를 쓰며 흐른다
토왕성이 글씨 쓰니 비룡이 받아들고
비룡이 받들어 정성으로 모시다가
육담에게 넘기니 육담은 어쩔 줄 몰라
그 붓글씨, 너무 신묘하고 웅장해서
어디 감히 담을 만한 액자가 없구나

설악산은 걸음을 걸어도

자꾸 뒤를 돌아보며 걷게 된다
공룡능선, 울산바위, 화채봉, 용아장성
마등령, 대승령, 수렴동, 십이선녀탕
봉정암, 오세암, 백담사 가는 길
온갖 번뇌도 모두 그림 속에 묻히니
영영 길을 잃고 헤매도 좋겠구나

비선대 금강굴을 마등령 돌아들어
반가운 아기공룡 희운각 쉬었다가
귀면암, 오련폭포, 양폭에 다시 비선
봄에는 꽃을 보랴, 여름엔 계곡 따라
가을엔 단풍 물에, 겨울엔 눈눈나나
달마봉 출입금지, 범봉은 탐방금지
배 띄워 구름파도 노 저어 가자꾸나

장수대, 대승폭포 지나서 별잠 자고
오세암, 마등령을 바람과 내려와서
권금성 케이블카 기다려 올라가니

집선봉, 칠형제봉, 천불동 아으동동
이렇게 좋은 풍경 어디서 구경할까
물치항, 대포항은 거슬러 오르고파
영랑호, 청초호도 보고파 안달이다

한 번 맺은 인연이 이다지도 귀할까?
천생연분 인연을 여기서 찾았으니
설악에서는 살아서는 좋아서 죽고
설악에서는 죽어서도 살아 있을 듯
계조암 흔들바위 옆에 새벽 잠깐 누워
별을 보고 달을 보고 세상을 바라보니
아, 설악산은 산이 아니라 신이로구나

공룡능선(恐龍稜線)

산도 파도가 될 수 있구나
눈앞에 파도꽃이 피니
구름이 나비 되어 나는구나

사랑도 그리움이 될 수 있구나
마음속에 그리움이 싹트니
눈물이 이슬이 되어 흐르는구나

성인봉(聖人峰)

위로는 높은 하늘
아래로는 깊은 바다
높고 깊은 지존의 옷자락
조금이나마 스치고 싶어라

동쪽으로는 독도
서쪽으로는 한반도
넓고 긴 사상의 배에서
평화의 날갯짓 펼치고 싶어라

책 읽지 않아도
성인을 만났으니
어느 권력이 부럽고
어느 부귀영화를 원하리오

나무도 나리분지도
나리꽃도 봉래폭포도
모두가 우러르는 고귀한 당신
당신 품속에서 단꿈을 꾸고 싶어라

속리산 연가(俗離山戀歌)

길이 있어서 가는
그런 길이 아니라
내가 가는 길이 길이라
가르쳐 주셨네

산이 있어서 가는
그런 산이 아니라
내가 가는 산이 산이라
애써 가르쳐 주셨네

당신 바라만 봐도
눈물 뚝뚝 문장대
당신 생각만 해도
가슴 절절 법주사

사랑 있어 사랑 아니라
내 목숨 다하는 사랑이
진정 고귀한 사랑이라
처절히 깨우쳐 주셨네

월류봉(月留峰)에서

보름달이 어디
보름에만 뜨겠는가?

우리 가슴에
보름달 뜨는걸

보름달 잔 삼아
막걸리 한 잔

안주는 세월이네
천천히 드세

가야산(伽倻山)에서

가야산에서는
바람도 시를 쓴다

가야산에서는
낙엽도 부처님 말씀

바람에게서 시를 배우고
낙엽에게서 깨달음 얻는다

힘들게 만물상 오르니
운해도 함께 올라와 있다

칠불봉, 상왕봉 오르니
팔만대장경도 올라와 있다

아, 가야산, 가야산
가야산에서는, 모두 법열이다

부산 금정산(釜山金井山)

나무를 보면 나무의 마음
바위를 보면 바위의 마음
높은 곳만이 산이 아니요
깊은 계곡에만 금샘이 있는 것은 아니다
그저 앞만 보고 걷지만 말고
뒤도 돌아볼 줄 알아야 하고
눈앞 가까운 곳만 보지 말고
산 너머 산도 상상하여야 한다
매화와 목련을 보다가도
우박을 맞을 때가 있나니
높은 산만 오르지 말고
산의 마음으로 살라 하네

월출산(月出山)

문득 당신이 생각나면
눈을 감을래요

당신에게 더 많이 설레면
이 가슴 어떡하나요?

못 견디게 당신이 그리우면
벌써 찾아왔어요

당신만이 기운 넘치는 내 남자
아, 나의 꿈같은 사랑이에요

월출산(月出山)에 가라

외로운 사람이거든
월출산에 가라
외로울 겨를이 없노라

마음이 힘들거든
월출산에 가라
마음이 든든하노라

해도 달도 별도
새도 돌도 나무도
품었다가 내 주는 가슴

사랑이 미움 되거든
선뜻 월출산에 가라
모두가 사랑이어라

월출산가(月出山歌) · 1

금강산을 모셔왔나
설악산이 찾아왔나
무등산에 안부 묻고
다도해에 발을 뻗네

달이 떠도 눈부신데
해가 뜨면 어쩌라고
구름으로 가린다고
아름답긴 마찬가지

구름다리 올라가니
부귀공명 안 부럽고
천황봉에 올라가니
온 세상이 내 것이라

도갑사와 천황사는
서로서로 그리웁고

경포대와 산성대는
서로서로 사랑하네

사자봉과 장군봉은
천황봉을 잘 모시고
구정봉과 향로봉은
억새밭을 뒹굴뒹굴

통천문을 통과하니
참 신선이 따로 없고
도갑 세계 도달하니
음주가무 필요 없다

구름처럼 올라가서
바람처럼 내려오니
기찬묏길 둘레길이
허리 감고 놓여 있네

떠나오면 그리웁고
다시 봐도 고운 임아
당신 정녕 없었으면
해탈문이 무슨 소용

마음속에 당신 품고
일평생을 살아가니
영암 영감, 영원 영감
꿈속에서 또 뵈오리

월출산가(月出山歌) · 2

당신 품에 안기면
날개도 없이 신선
장군봉, 육형제는
바람폭포 세수하고
구름다리 수사자는
위엄, 기개 넘치도다
산성대, 통천하여
천황봉 올라가니
강진만과 서호강이
무등산, 지리산도
저 멀리서 그립다네
남근바위 우뚝 서서
힘찬 기운 자랑하고
구정봉은 어서 오라
반갑게 맞이하니
미왕재 억새밭을
뒹굴뒹굴 놀아보세

바람재야, 경포대야
어이 그리 아늑한고
시루봉, 매봉, 연실봉
향로봉, 형제봉 봉봉
어지러운 기암괴석
눈 호강 제대로다
용암사지 삼층석탑
마애여래좌상님은
어느 때나 뵈오리까
도갑사로 내려갈까
천황사로 내려갈까
돌아보고 돌아봐도
너무 멋진 내 임일세
기찻굇길 돌고 돌아
무위사로 가 볼거나
자나 깨나 당신 생각
짝사랑도 행복하다
조물주의 걸작품에

다른 생각 전혀 없네
당신 기운 담고 닮아
연하월휘 살겠노라

지리산(智異山)

배우지 않았는데 배우게 되고
가진 것 없이 갖게 하는
당신은 늘 나의 스승입니다

고사목 위에 풀이 자라게 하고
나무 그늘에 새들 노래하게 하는
당신은 늘 어머니입니다

사람은 사람을 쉽게 떠나지만
언제나 묵묵히 제자리에서
당신은 늘 나를 기다리십니다

흘러가는 구름은 흐르는 물이 되게 하고
푸른 가슴에 젖은 사랑은 그리움이 되게 하는
당신은 영원한 내 사랑입니다

가을 무등산(無等山)

무등산은 도서관이다
억새는 바람으로 책을 읽는다
등산객은 발길로 뚜벅뚜벅 읽는다

무등산은 영혼의 안식처이다
구름과 햇살이 놀다 가고
이미 먼저 가신 임도 나도 하나가 된다

무등산은 민주의 성지이다
우리의 울음을 안아 준
아~민주를 위하여 뜨겁게 울었었구나

무등산은, 아 무등산은
부르지 않아도 이미 와 있고
나의 전부가 되어 온몸인 것을

무등산은 내 인생이다
서석대, 입석대, 천지인
내 인생의 영원한 횃불

무등산(無等山)

당신은 늘 내 곁에 있어서
산인 줄도 모르고 살았습니다

그리운 당신을 찾아가면
당신은 하늘보다 낮게 살게 하며
하늘보다 높은 꿈을 줍니다

부르지 않으면 간절하고
부르면 이미 내 안에 있는 당신

사랑하는 당신을 찾아가면
당신은 아무것도 갖지 않게 하고
모든 것을 다 줍니다

규봉암(圭峰菴)에서

무등산에 삼 형제 대가 있습니다
입석대, 서석대, 광석대

광석대 아래 규봉암에서
나는 바위처럼 서서 기도합니다

기도 밖에 있는 것까지
모두 사랑하게 해 달라고

해와 낮달이 가까이 있는 것처럼
당신과 나도 가까이 있습니다

무등산이 다른 산과 손잡고 있듯이
모두가 평화의 손을 잡고 춤추길

백아산(白鵝山)에서

멀리 지리산도 월출산도
무등산도 조계산도 바다
나는 바다를 나는 거위
산의 파도 위를 나는 거위
하늘다리, 마당바위 건너
꿈이 있는 곳까지 날아간다

아픈 역사 세월 속에 묻고
바른 역사 가슴속에 품는
나는 순수의 꿈을 나는 거위
적벽의 맑은 물 위를 나는 거위
모후산, 팔영산 건너 남해까지
아, 모든 그림이 여기 다 있어라

장흥(長興) 종갓집

천관산은 큰집, 제암산은 작은집
사자산은 당숙 집, 억불산은 고모 집

수인산, 가지산, 부용산은 일가친척
삼비산, 국사봉 종친까지 모였습니다

이렇게 멋진 산들이 모인 종갓집
장흥은 날마다 축제 분위기입니다

뼈다귀해장국

뜨거운 뚝배기 안
우리나라 산맥이 보인다

낭림산맥, 태백산맥
강남산맥, 적유령산맥
묘향산맥, 언진산맥
멸악산맥, 마식령산맥

추가령 구조곡 지나
광주산맥, 차령산맥
소백산맥, 노령산맥
맥맥이 아름다운 산하

남북이 하나 되어
뜨거운 가슴이 되는
뼈대 있는 나라, 대한민국

한라산(漢拏山)

그대는 은하수를 잡고
나는 그대를 붙잡으니
세상 모두를 가졌어라

하루라도 그대 생각 하기 싫은데
하루하루 그대는 나를 붙잡아
뒤척이는 하루를 애써 달래네

하루라도 그대 보지 않으면
하루라도 나는 살기 힘들어
먼 하늘에 그대 얼굴 그리며 사네

그대 가슴은 하늘을 담고
나는 그대 가슴 껴안으니
아, 하늘 모두를 가졌어라

제7부
카사블랑카

런던에서

타워 브리지 아래로
강물 흐르고
런던 아이(Eye)를 보면
난 아이가 된다

템스강변 유람선
파리 아가씨
담배 연기 긴 머리
하늘 날리네

셰익스피어가 떠나고
밀턴의 낙원이 사라지고
바이런, 키츠가 눈감아도
나는 장미 향기를 맡으리

해가 지든 지지 않든
장미보다 더 붉은 사랑
이층버스에 태우리
도버 해협을 건너리

지중해(地中海)

종교와 문화가 싸우다
바다에 빠졌다

난민과 평화가
바다에 익사하였다

고고학과 역사가
이들을 건져 놓았다

철학자만 많은 곳에서
바다는 계속 헛구역질을 했다

카사블랑카

바다를 사랑해서
바다 곁에 사는 그대

그대를 사랑해서
그대 곁에 사는 나

밤하늘에 별은
파도처럼 부서지고

꿈속에 그대는
별처럼 눈부시다

부르면 부를수록
더 빛나는 이름이여

그대는 내 안에서
우주보다 더 위대하다

카사블랑카에서

달은 움직이는 등대
내 맘 밝히고
바다는 파도 카펫
내 몸 뉘었다

대서양과 사하라 사이
그대는 별을 먹고
나는 꿈을 먹고
서로 별꿈을 꾸었다

역사는 늘 과거이지만
그대는 언제나 현재
그 현재를 사랑하므로
나의 미래도 현재다

그대는 아프리카의 이마
나는 그 이마에 키스하고
갈매기처럼 한껏 날다가
하얀 집에 별 추억 남겼다

파리의 추억

파리에 가지 않아도
그대의 연인이 되네

그대의 머릿결에서는
바게트 빵 냄새가 나고

파리에 가지 않아도
그대의 사랑을 간직하네

내 가슴 루브르 박물관에는
비너스 미소가 넘치고

파리에 가지 않아도
나는 구원을 얻네

개선문과 노트르담, 에펠 탑, 몽마르트
센 강을 따라 나는 더없는 축복을 받네

라로셸(La Rochelle)

낭트와 보르도 사이에서
대서양을 바라보며
너는 미소 짓고 있구나

너의 잔잔한 물결의 가슴속에서
요트를 타고 레 섬으로 가
바다를 노래하고 싶구나

백년 전쟁과 위그노 전쟁이 죽고
오직 아낌없는 사랑만이 남아
대관람차에서 평화를 보고 싶구나

생니콜라 탑과 라셴 탑 사이로
한가로이 나는 갈매기처럼
나는 오늘도 너를 꿈꾸고 있구나

몽생미셸(Mont Saint Michel)

프랑스의 등대여!
대서양의 연인이여!

그대 만나러 가는 길은
기차도 택시도 들썩들썩

그대가 나의 밀물이라면
나는 그대의 섬이 되겠다

그대가 나의 그림이라면
나는 그대의 액자가 되겠다

오, 석양의 아름다운 종소리여!
오, 내 영혼의 성스러운 수도원이여!

피렌체

피사가 기웃, 볼로냐도 기웃
멀리서 로마까지 꽃 같은 딸 보러 뛰어온다

단테는 베아트리체를 만나러 갔고
나는 그대를 만나러 왔노라

우러러보는 두오모 대성당은
걸음까지 저절로 거룩하게 하는도다

아르노 강 건너 미켈란젤로는
언덕에서 한참 나를 애타게 기다리고 있다

그대가 플로렌스로 불리든 피렌체로 불리든
언제나 그대는 문화유산, 나의 사랑꽃이도다

몽트뢰(Montreux)

제네바와 베른 사이
로잔과 친한 벗
알프스는 노래하고
레만호는 푸르러라

낮에도 아름다운데
밤마저 아름다우면
저절로 수도원의
신부가 되리라

발걸음은 재즈를
마음은 영화를
모든 것 갖추었으니
무엇이 필요하랴

잠깐의 만남 아쉬워
다시 그대 본다면
데굴데굴 뒹굴며
내 몸을 맡기리라

밀라노

두오모 성당 앞을 함께 걸어갈까요
르네상스를 입고 노래를 부를까요

피렌체 행 기차를 타고
단테를 만나러 갈까요

아니면 베로나행 기차를 타고
줄리엣을 보러 갈까요

아, 이걸 어쩌나요
밀라노에 내 마음을 놔두고 왔어요

피사의 사탑

쓰러져 가는 그대
곁에
나도 쓰러지고 싶다
술병처럼

베네치아에서

베네치아에서 세 사람을 만났다.
카사노바와 비발디와 마르코 폴로

먼저 카사노바와 함께 곤돌라를 탔다.
카사노바가 말했다.

"모든 성(性)은 성(聖)스럽다."고

다음 비발디와 함께 수상 택시를 탔다.
비발디가 말했다.

"음악은 바다의 출렁이는 가슴"이라고

마지막으로 마르코 폴로와 함께 돌로미테까지 걸었다.
마르코 폴로가 말했다.

"인생은 날마다 새로운 여행"이라고

프라하

모든 시계는 여기에 맞출 것
그대 입술은 나에게 맞출 것

나의 여행은 여기서부터 시작할 것
그대 여행은 나로부터 시작할 것

결국 우리는 꿈을 꾸게 될 것
꿈속에서 우리는 하나가 될 것

잘츠부르크

옛날에는 바다였다네
하얀 소금의 도시
모차르트 피아노 연주에
알프스를 오르면
사운드 오브 뮤직
도레미 송 부르고 싶네

옛날에는 사랑했다네
하얀 얼굴의 아가씨
미라벨 정원의 뜰에
다정히 풀잎처럼 누우면
별이 되고 달이 되어
한여름 밤의 꿈을 꾸네

룩셈부르크(Luxembourg)

라틴과 게르만 사이에서
장미꽃 피었다

프랑스어와 독일어 사이에서
룩셈부르크어가 맥주를 마신다

벨기에와 네덜란드가 와서 놀고
프랑스와 독일도 와서 춤춘다

유럽 육지의 아름다운 섬
그 섬에 내 영혼은 잠시 정박하였다

강과 강이 만나 바다를 향하듯
사랑과 그리움이 만나 꿈으로 걸었다

스위스

제네바, 로잔, 몽트뢰
레만 호수에 비친
그대 얼굴을 그려 봅니다

비스프, 체르마트, 고너가르트
우뚝 솟은 마터호른
성스러운 그대 모습이 눈부십니다

인터라켄, 그린델발트, 클라이네 샤이덱
융프라우요흐의 얼음 궁전에서
그대를 생각하며 요들송을 부릅니다

취리히, 루체른, 필라투스
포근하고 하이얀 그대 품속을
곤돌라 되어 오르내립니다

앞으로 읽어도 뒤로 읽어도
한결같이 변함없는 이름, 스위스
오늘 밤도 꿈속에 그대를 만나러 갑니다

아테네

아테네 사람들은
거지도 신이 된다

아테네 남자들은
예수를 닮았다

아테네 여자들은
아테나 여신을 닮았다

아크로폴리스에서
나도 신이 되었다

그대와의 걸음은 꿈길
그대와의 사랑은 신화

아테네에서

신들의 얘기는 마라톤보다 길고
인간들의 얘기는 눈썹보다 짧다

아크로폴리스에서 파르테논을 보라
쓰러진 돌이 서 있는 돌을 보고 있다

인간은 기도하기 위해 태어났는가?
아니면 태어났으니까 기도하는가?

아테네에서는 아무 것도 묻지 말고
그저 스스로 온몸으로 깨달아라

산토리니 · 1

그대 푸른 눈
하얀 드레스에
난 잠 못 이루고
파도처럼 부서지네

지중해도 가 보고
에게해도 가 보고
수많은 바다 가 봤지만
사랑해는 가 보질 못했네

그리운 이여
성스러운 사랑이여
내 눈에 박혀 있는
영원한 영혼의 등대여

날마다 내 꿈으로
성큼 오시라

그윽한 그대 가슴에
정박할 테니

산토리니 · 2

하늘 푸르고
바다 푸르고
집도 푸르니
내 맘도 푸르다

구름 하얗고
파도 하얗고
집도 하야니
그대 맘도 하얗다

청백의 세계가
순수의 가슴에
화산 되어 치솟으니
꿈도 청백이어라

아틀란티스는 어디인가?
여기는 전설의 섬

바람도 향기로운 가슴에
나는 스르르 정박하노라

산토리니 · 3

이제 그대
그만 잊고 싶네

하지만
어쩌나

모르고 내 가슴에
다 담고 왔으니

어쩔 수 없지 뭐
다시 돌려주러 가는 수밖에

산토리니 · 4

크루아상 빵 하나
에게해에 누워 있다

내 가슴은 두근거리는 화산
내 발은 어린 당나귀의 발

아틀란티스는 그 어디 있는가?
에메랄드 바다에 햇살의 입맞춤

카사블랑카가 여기에도 있나니
하얀 집에서 나는 푸른 꿈 꾸었노라

블레드 호수

알프스의 눈동자 속에서
백조 유유히 노닐고
내 눈동자 속에서
그대 모습 아름다워라

발레리나 물살을 차고
미뉴에트 춤을 추니
안개 속 섬의 교회 종소리
저절로 꿈을 날으노라

블레드 섬

내 마음의 호수에
그리운 섬 하나 있다

노 저어 다가가면
그대 품에선 평화의 종소리

날마다 백조 되어
그대 맴돌고 싶어라

아, 꿈에도 그리운
그대,
내 사랑의 섬이여!

블레드 성

내 마음의 언덕에
고귀한 성 하나 있다

한 발 두 발 기도로 올라가면
그대가 선물한 아름다운 풍경

날마다 꽃이 되어
그대 품에 안기고 싶어라

아, 눈감아도 보이는
그대,
내 사랑의 성이여!

두브로브니크 · 1

바다가 그대를 품은 건지
그대가 바다를 안은 건지

바다도 바다를 잊고
그대도 그대를 잊었나니

그댈 사랑한다, 멋있다
애써 말하지 않겠노라

그대 사랑의 성 안에
이미 나는 갇혔나니

두브로브니크 · 2

발칸의 옷자락 아래
크로아티아의 꽃신
아드리아해 잔물결에
어여쁜 꽃발 씻고 있네

성벽 마을 오렌지빛 지붕
순례자는 그저 황홀하고
요새는 전쟁을 잊은 듯
바다만 바라보고 있네

수많은 별들과 불빛들이
밤바다에 철썩 부딪히니
눈을 뜨고 있으면 눈부시고
눈을 감고 있으면 꿈결이네

스르지 언덕에 오르니
젖소도 염소도 평화롭고

나는 날개 없이도 나는
행운의 파랑새가 되었네

구(舊) 항구 요트들은 옹기종기
맑고 하얀 노래를 부르고
유람선에 올라 그대 모습 보니
내 마음, 흔들릴 수밖에 없네

언제 다시 만나려나
그리운 연인이여
밤새도록 뒤척이며
그대 생각뿐이라네

인도(印度)

소를 닮아 소가 종교인 나라
이중섭의 황소도 스페인의 투우도
여기서는 모두 느긋느긋

히말라야 모자가 바람에 날리면
갠지스강의 땀은 벵골만을 적시고
스리랑카를 긴 혀로 핥으면
인도양의 가슴은 출렁거리고
몰디브는 어쩔 줄 몰라
수줍게 바다에 몸을 감춘다

자연이 그리운 사람이여!
자연을 사랑하는 사람이여!
자연을 알고 자신을 알고 싶은가?
그러면 인도(印度)로 인도(引導)하리라!

갠지스강

히말라야가 뛰다가 걷다가
또 생각하다가 내려온다

그러면 그대는 히말라야를 품고
별의 목소리를 들려준다

어디서 흘러온 물이든
언제나 그대는 생명의 어머니

아, 나는 지금까지 무엇을 품었나
아, 내 가슴에는 어떤 강이 흐르나

피지

바다는 도화지
파도는 큰 붓

에메랄드 바탕에
섬을 그린다

섬들도 즐거워서
떠다니는 배

어디가 낙원인가
묻지를 마오

샹그릴라 · 1

유토피아, 파라다이스
엘도라도, 아르카디아

하지만 내가 웃지 않으면
이상향 아니어라

무릉도원, 율도국
빈 섬, 이데아

허나 그대 즐겁지 않으면
낙원이 무슨 필요

행복은 마음에서 나오는 것
마음을 비우면 행복하나니

샹그릴라 · 2

언젠가는 당신을 만나리라
척박하고 힘든 땅에 살아도
당신을 생각하면 꿈도 고와라

언젠가는 꿈을 이루리라
번뇌와 욕망을 몰아내고
참다운 당신을 만나리라

오, 내가 오직 바라는 것은
바람 속의 바람 한 송이
순수의 꽃이 피어나는 곳

그곳은 무념무상의 세계
당신은 내게 망각을 가르쳤으나
나는 당신을 생각하며 살리라

게르

만두와 찐빵 닮은
초원의 집

해와 달과 별이
쉬어 가는 집

말과 소와 양들이
울이 되는 집

자주 이사 가지만
늘 정드는 집

세부

너는 섬이고
나도 섬이다

너는 나의 가슴
나는 너의 가슴

바다는 하늘처럼
하늘은 바다처럼

너는 나의 세상
나는 너의 세상

제8부

담양 딸기

Damyang Changpyeong Slow City
담양창평슬로시티

돌의 기적

지구에 얼마나 많은 돌 작품 있는가?
피라미드, 앙코르와트, 큰 바위 얼굴
광개토왕비, 석굴암, 운주사 와불

아, 그보다 자연 그대로 큰 돌, 지구
카파도키아, 그랜드 캐니언, 장가계
설악산, 북한산, 백두대간, 주상절리

아무것도 아니어도 좋은 고인돌처럼
나도 어여쁜 돌 하나 만들고 싶은데
몸에 담석이 있는가, 사리가 있는가?

비싼 수석 잔뜩 모을 욕심 버리고
빗물에 모래 되고 바람에 먼지 되는
세월 따라 사라지는 나도 돌이 되리라

고인돌 · 1

하나의 돌 옆에 하나의 돌
그것은 사랑이다

그 두 돌 위에 또 하나의 큰 모자
그것은 세월이다

고인돌은 죽어서도 살아 있나니
그것은 우리들의 역사다

고인돌 · 2

눈 내리면 눈 받아 주고
비 내리면 비 받아 주고

묵묵히 세월 떠받치고
좌선하는 수도자여

바람 같은 이내 몸도
당신 앞에 합장

구름

나를 부르지 마라
잠시 왔다 갈 뿐

나를 기억하지 마라
나의 실상은 없나니

나를 찾지 마라
네 가슴속에 있지 않느냐

나를 가지려 하지 마라
허무하고 공허할 뿐

자녀에게

가라
네가 가고 싶은 곳으로

하라
네가 꿈꾸었던 일을

즐겨라
너에게 주어진 인생을

남겨라
너의 위대한 발자취를

기억하라
너의 존재를

함께하라
기쁨과 슬픔을

잊지 마라
조국의 평화 통일을

사랑하라
사랑이 미치지 못하는 것까지

감사하라
네 심장이 뛰고 있음을

기도하라
이 세상 모두를 위해

이런 친구, 사귀어라 열두 가지

책을 선물하는 친구를 사귀어라
마음의 양식을 얻을 것이다

게으름에 게으른 친구를 사귀어라
하루, 하루가 즐거울 것이다

내일을 꿈꾸는 친구를 사귀어라
미래의 별이 될 것이다

여행을 자주 하는 친구를 사귀어라
인생의 나침반이 되어 줄 것이다

충고를 잘하는 친구를 사귀어라
칭찬받는 삶을 살 것이다

실패를 자주 하는 친구를 사귀어라
성공으로 가는 길로 인도될 것이다

술값을 먼저 자주 계산하는 친구를 사귀어라
그 친구에게 취할 것이다

말을 잘 못 하는 친구를 사귀어라
호수와 백조의 관계가 될 것이다

말에서 향기가 나는 사람을 사귀어라
아름다운 꽃밭을 거닐 것이다

돈을 빌려주지 않는 친구를 사귀어라
죽을 때까지 함께할 것이다

헌신하는 친구를 사귀어라
헌신짝도 보물이 될 것이다

도둑을 사귀어라
마음을 훔친 도둑은 평생 함께할 것이다

인생 운전 십계명

오래 살려면 정속 주행하라
방어 운전이 보험이다
앞만 보지 말고, 옆과 뒤도 보라
뒤를 돌아보되 역주행은 하지 말라
힘들면 졸음 쉼터에서 쉬라
비보호는 당신을 보호해주지 않는다
교통 흐름에 맞게 운전하라
내비게이션 너무 믿지 말라
함부로 욕하지 말라, 운전 습관이 인생 습관이다
차량 점검하듯 몸도 점검하라

나의 인생 목표 열 가지

좋은 책을 읽자
별을 보고 자자
예술을 사랑하자
부자가 되지 말자
모든 이를 위해 기도하자
자식에게 빚을 물려주자
꽃을 꺾지 말고 꽃이 되자
받은 사랑은 반드시 돌려주자
몸은 건강하게, 마음은 건전하게 살자
좋은 친구를 찾지 말고, 좋은 친구가 되자

아름다운 세상 만드는 열두 가지 방법

씨앗 없이 꽃 피우는 방법
그냥 웃으면 웃음꽃 핍니다

냄새 없이 향기 내는 방법
고운 말을 쓰면 됩니다

멋진 옷 입는 방법
단정하게 입으면 됩니다

가장 맛있는 음식 먹는 방법
고마운 마음으로 먹으면 됩니다

가장 행복해지는 방법
양서(良書)를 읽으면 됩니다

꿈을 이룰 수 있는 방법
실천하면 됩니다

가장 소통 잘하는 방법
마음을 열면 됩니다

예쁜 정원 만드는 방법
마음을 잘 가꾸면 됩니다

부자 되는 방법
욕심을 버리면 됩니다

지구 사랑하는 방법
너무 격하게 사랑하지만 않으면 됩니다

아름다운 자연 만드는 방법
그냥 자연 그대로 놔두면 됩니다

내가 멋진 당신에게 가는 방법
그건 당신이 와서 가르쳐 주세요

대마도(對馬島)

나의 전부였던 그대가
지금은 남의 그대가 되어서
이랏샤이마세(어서 오세요)

나의 사랑이었던 그대가
지금은 남의 품에 안겨서
오겡끼데스까?(잘 지내요?)

나의 기쁨이었던 그대가
지금은 남의 행복이 되어서
아리가또 고자이마스(감사합니다)

나의 눈물을 받아주었던 그대가
지금은 내 웃음을 빼앗고서
스미마셍, 스미마셍(미안해요, 미안해요)

나와 영원을 약속했던 영혼의 그대가

지금은 속절없이 손을 흔들며
사요나라, 사요나라(영원히 안녕, 안녕)

내가 그대에게 할 수 있는 말이란
이것밖에 없단 말인가?
데와, 마타, 겡끼데네~(그럼, 또 봐요, 잘 지내요)

철원 노동당사에서

건물은 공사 중
통일은 파괴 중

광복(光復)에게

어둠 속에서 빛을 찾은 그대여!
지금 우리는 그대의 빛을 빚졌구나
위안부를 창녀라 잘못 부르고
열사를 폭도라 잘못 부르는 세상
정의롭지 못한 자들은 정의롭고
상식적이지 못한 자들이 상식 외치니
육사에게, 동주에게 차마 부끄러워라
잘못 흔든 태극기마저 온통 서러워라
결초보은도 부족한데 배은망덕이라
중근에게, 백범에게 진정 죄송하여라
아직도 무궁화 만세 소리 쟁쟁하거니
피눈물로 찾은 영광, 끝내 이어 가리라

소녀상

명문고 교무실 책꽂이 위
그냥 의자에 앉아 있는 소녀
너무 작아서일까
아무도 봐주질 않네

교문 입구나 중앙 현관에
자랑스레 있을 법도 한데
너무 역사를 몰라서일까
아무도 쳐다봐 주질 않네

태극기는 멀리 있고
욕심은 가까이 있어
나라야 어찌 되든
자신만 배부르면 되는가

명문고 교무실 책상 위
그냥 외로이 앉아 있는 소녀

너무 안타까워서일까
굳은 입술을 더 굳게 깨무네

제주도 4.3사건 아즈망*

이념이 무엇인지
법이 뭔지도
나는 몰라요
나는 정말 몰라요

물질이나 하면서
조개 캐면서
밭일이나 하면서
김을 매면서

하르방이 알아줄까
할망이 알까
동백꽃 피 흘리며
떠난 세월을

빨갱이가 무엇인지
좌파가 뭔지도

나는 몰라요
나는 정말 몰라요

* 아즈망 : 제주도 사투리로 '아주머니'

백범일지(白凡逸志)

가치 상실의 책을 옮기려
학교 장서 보관실에 갔는데
김구 선생께서 백 명 넘게 계셨다

한 번도 펼쳐보지 않고
유적처럼 미라처럼 벽돌처럼
당당하게 서 계시는 모습들

판타지 소설에, 선정적인 작품들은
찢어지고 닳아지도록 보면서
눈길 한 번 주지 않아 잘 보존된 책

그토록 대한 독립을 외쳤던 백범
그의 한이 담긴 거룩한 역사의 길을
우리는 감히 외면하며 돌아갈 것인가?

5.18

5.18 5.18 5.18 5.18 5.18
5.18 5.18 5.18 5.18 5.18
5.18 5.18 5.18 5.18 5.18
5.18 5.18 5.18 5.18 5.18
5.18 5.18 5.18 5.18 5.18
5.18 5.18 5.18 5.18 5.18
5.18 5.18 5.18 5.18 5.18
5.18 5.18 5.18 미안합니다

담양 딸기

담양 딸기가 걸어간다
수북 딸기도 대치 딸기도
광주로, 광주로 걸어간다

걸어가다가, 걸어가다가
무슨 일인지, 어찌 된 일인지
가다가, 가다가 멈춘다

갑자기 앞선 딸기 피 흘린다
뒤따르던 딸기들도 피 흘린다
더 이상 광주로 갈 수 없다

담양 딸기가 뛰어간다
고서 딸기도 봉산 딸기도
광주로, 광주로 뛰어간다

뛰어가다가, 뛰어가다가

무슨 일인지, 어찌 된 일인지
뛰다가, 뛰다가 뚝 멈춘다

갑자기 앞선 딸기 피울음 운다
뒤따르던 딸기들도 피울음 운다
더 이상 광주로, 광주로 갈 수 없다

담양 딸기가 날아간다
월산 딸기도 금성 딸기도
민주로 자유로 날아간다

날다가, 훨훨 날다가
정말이지, 참말이지
거룩한 정의가 되었다

마침내 병풍산도 추월산도
늠름한 금성산성과 함께
광주를 빛냈다, 담양 딸기를 빛냈다

소설가의 고뇌

나는 소설 '여왕벌'을 쓰고 있다.

주요 등장인물

주인공 이름은 '백신'
의사 이름은 '유산균'
간호사 이름은 '박테리아'

하지만 소설 쓰는 것을 그만둘까
고민 중이다

지금 우리나라 정치인들이
내 소설보다 더 극적이고
내 소설보다 더 막장이고
내 소설보다 더 재미있다

나는 지금 '여왕벌'이 아닌
장수말벌 떼의 공격을 받고 있다

소망

광주는 뿌리
서울은 줄기
평양은 꽃

봄은 언제 올까?

체조

한라산은 발
임진강은 허리
백두산은 머리

국민 체조 시~작

속 보입니다

코로나19의 발원지
다시 생각해 봐야

중국의 속 보입니다

내선일체
독도는 일본 땅

일본의 속 보입니다

내가 지켜줄게
방위분담금 많이, 오케이?

미국의 속 보입니다

그러면 한자(漢字)는 우리가 만들고
대마도는 우리 땅이며
미국(美國)은 미국(迷國)입니까?

담양(潭陽)

담양은 추억이 없다
모두가 추억이니까

담양은 사랑이 없다
모두가 사랑이니까

담양은 인물이 없다
모두가 인물이니까

담양은 꾸밈이 없다
담양은 담양이니까

죽향(竹鄕)

추월산, 병풍산, 빙 둘러 산성산
면앙정, 송강정, 식영정, 소쇄원
저절로 시인이 되는 소박한 담양

오늘 내가 여기 살아도 예 그리운데
어제 그가 거기 살았던 그 고향
얼마나 사무치게 그리울 것인가

대나무 낚싯대 관방천 추억 하나
대나무로 만든 봉산 가오리연처럼
날려서 보내 버린 우리 인연이런가

월산, 용면 추월에 달 뜨면 보고 싶고
무정한 임 수북한 대덕 별처럼 온다면
대전부터 가사문학, 고서, 창평하리라

담양, 당신이지요

한강의 북쪽은 한양
남한강의 북쪽은 단양
남대천의 북쪽은 양양
영산강의 북쪽은 당신이지요

광주, 장성, 정읍이 놀러오고
순창, 곡성, 화순이 찾아오고
죽마고우 친구들의 징검다리
어쩌면 생태 중심은 당신이지요

죽통밥, 숯불갈비, 쌀엿에 한과
국수, 국밥, 딸기, 포도에 죽로차
먹거리 너무 많고 정도 넘쳐 나서
죽부인 껴안고 자고 싶은 당신이지요

면앙정, 송강정, 식영정, 독수정
소쇄원, 환벽당, 미암박물관, 관방제림

추월산, 병풍산, 산성산, 금성산성
해도 달도 별도 와서 노는 당신이지요

죽녹원과 남산에서는 선비가 되고
한국가사문학관에서는 시인이 되고
메타세쿼이아 길에선 나그네가 되는
아, 꿈에도 보고픈 멋진 당신이지요

담양 찬가(潭陽讚歌)

무등산 바라보며
사랑하는 임 그리고
대나무 푸른 가슴
저절로 시를 짓네

병풍산 둘러두고
삼인산 껴안으니
관방천 고운 맵시
영산강 춤을 추네

금성산성 넘어서
순창이 놀러 오고
추월산 넘고 넘어
정읍도 놀러 오네

송강정, 면앙정이
마주 보며 정 나누고

식영정, 소쇄원이
별뫼 아래 도란도란

죽녹원 불러내어
국수, 갈비 먹어 볼까
명옥헌 불러내어
국밥을 먹어 볼까

수북 딸기, 고서 포도
창평 엿, 창평 한과
누구에게 선물할까
생각만도 푸짐하다

담양호야, 광주호야
호호호 웃고 살자
한재골아, 가마골아
프로방스 소풍 가자

햇살 연못, 담양, 담양
순박하고 고운 사랑
언제든지 달려가서
그대 품에 살고 싶다

담양역(潭陽驛)

한 번 가 보면
떠나기 싫은 역

역사 안에 들어서면
시집이 꽂혀 있는 곳

대나무가 손 흔들고
관방천이 노래하는 곳

남들은 어디 있냐고 묻지만
내 마음속의 행복역

칙칙폭폭 운수대통
그 대가 그대 기다리는 역

대숲 연가

대대대대대대대대
대대대대대대대대
대대대대대대대대
내내내내대대대대
대대대대대대대대
대대대대그대대대대
대대대대대대대대
대대대대대대대대
대대대대대대대대
대대대대대대대대
대대대대대대대대
대대대대대대대대

대나무의 말

내 몸이 가냘픈 까닭은
그대에게 흔들리기 위하여

내 가슴이 비어 있는 까닭은
그대의 사랑을 담기 위하여

내 몸에 마디가 있는 까닭은
그대를 연주하기 위하여

내 뿌리가 깊은 까닭은
그대를 깊이 간직하기 위하여

내 몸이 늘 푸른 까닭은
그대를 영원히, 영원히 사랑하기 위하여

대나무 연가

내 안에 그대를 담으면
그대는 그대로 나입니다

그대노 그대 안에 나를 남으면
그대로 나도 그대입니까?

한 하늘 아래 우리 푸른 사랑은
우리만의 역사입니다

텅 빈 가슴에 서로를 담고
영원한 사랑을 노래하여요

흙속에 뿌리와 뿌리 서로 손잡고
찬란한 내일을 꿈꾸어요

내 안에 그대를 담고, 그대 안에 나를 담으면
우리는 서로 사랑의 우리가 되어요

담양 대나무 · 1

뜻은 높고
생각은 깊고

마디마디
푸른 소리

꽃바람 불러
즐거이 놀면

내 마음 맑아지고
웃음 빛나고

담양 대나무 · 2

이슬을 만나면 죽로차요
눈을 만나면 설죽이라
나이테도 없이 세월을 벗하니
흙에 뿌리 두고 정신세계는 하늘이라
소금을 만나면 죽염이요
손가락을 만나면 대피리라
부귀영화도 부럽지 않으니
그대 그늘에서 쉬었다 가리라

대나무처럼

마디는 곧고 단단하지만
긴 몸매는 낭창낭창
강추위 폭설에도
푸른 잎 싱그럽다

속을 비우고도
가득 찬 법열(法悅)
뿌리는 흙 속에서
비룡이구나

계절을 따지지 않고
어울려 사는 가슴
아, 그대 푸른 노래에
이슬 음표 되고 싶다

담양, 당신을 사랑할 수밖에

죽녹원 대숲에서
죽향(竹香)을 맡습니다
당신의 향기입니다

관방천 징검다리
돌돌돌 물소리
당신의 노래입니다

추월산은 금성산 손잡고
병풍산은 삼인산을 품습니다
당신의 정(情)입니다

송강정은 면앙정과 시를 짓고
식영정은 소쇄원과 한껏 놉니다
바로 당신의 멋입니다

천천히 한옥 마을을 거닐 때나

메타세쿼이아 숲길을 거닐 때에도
당신의 숨결이 느껴집니다

무등산 줄기 따라 펼쳐진
그윽이 아름다운 가슴
담양, 당신을 사랑할 수밖에

대나무 부채

펼치면 열두 폭 치마
접으면 가야금

그대 쥐고 춤추니
하늘을 날겠네

펼치면 병풍산이
접으면 용소라

그대와 함께하니
더위를 모르겠네

대나무

모든 종교가 이 안에 있다
모든 신앙도 이 안에 있다

모든 별들이 이 안에 있다
모든 세월도 이 안에 있다

나는 그대의 뿌리가 될 테니
그대는 나의 줄기가 되어라

담양 한과(潭陽漢菓)

담양 한과에는 살가운 길이 있다
엄니, 아부지 들판에서 일하던 길
그 길에 하얀 눈, 소복소복 내렸다
그 하얀 꿈을 먹고 옛날을 먹었다
담양 한과는 만날 때마다 설날이다
그래서 평생을 새롭게 설레며 산다

담양 십장생(十長生)

해, 산, 대나무, 메타세쿼이아, 창평 엿, 창평 국밥
창평 한과, 고서 포도, 죽향 딸기, 담양인

햇살 연못에 해 비치니 분명코 눈부신 담양이로구나
무등산, 병풍산에, 추월산, 산성산, 산산이 명산이로구나
죽녹원 대나무가 기운이 넘치니 우리도 힘이 솟는구나
메타세쿼이아 길 함께 걸으니 정이 넘쳐흐르는구나
창평 엿가락에 노랫가락 함께하니 얼쑤 풍년이로구나
창평 국밥 든든하다, 사시사철 배부르니 함포고복(含哺鼓腹)이로구나
창평 한과 모양 좋고 맛도 좋아 날마다 명절이로구나
고서에 포도 나니 농부의 땀, 알알이 옥구슬이로구나
죽향 딸기, 향기 물씬 임의 얼굴, 아름답고 아름답구나
담양인의 마음은 담양호로 광주호로, 식영정, 소쇄원을 품었구나

담양 이십사절기(潭陽二十四節氣)

자, 이제부터 담양 이십사절기를
메타세쿼이아 길 걷듯 함께 걸어가 볼까요?
하지가 동지 보듯 그렇게 멀뚱히 서 있지 말고,
우수 곁에 경칩처럼, 한로 곁에 상강처럼
가까이 손잡고 걸어 봅시다.

입춘은 대길이라 담양은 다경이라
우수엔 관방천에 얼음이 녹으리라
경칩엔 담양호에 추월산 춤추리라
춘분엔 금성산성 보국문 열리리라
청명엔 우리 담양 병풍산 나드리라
곡우엔 수북 딸기 얼굴이 붉었어라
아, 이러니, 담양이 좋을 수밖에

입하는 여름 시작 죽녹원 시원해라
소만에 수북, 봉산 신록이 눈부셔라
망종에 씨 뿌리니 풍년이 오는구나

하지에 감자 삶아 우리 임 드리리라
소서에 송강정에 시 한 수 읊어보랴
대서에 면앙정에 가사를 수놓으랴
아, 이러니, 담양이 좋을 수밖에

입추에 명옥헌에 배롱나무 수줍어라
처서에 후산리에 은행나무 풍성해라
백로에 증암천에 백로가 나는구나
추분에 내 마음도 소쇄원 나는구나
한로에 식영정이 성산별곡 한 곡 하니
상강에 환벽당이 식영정 잡영이라
아, 이러니, 담양이 좋을 수밖에

입동에 임과 함께 가마골 가자스라
소설에 눈이 오니 내 인생 소설이라
대설에 죽부인도 안으면 정들리라
동지에 임 품으니 긴 밤도 짧으리라
소한을 껴안으니 엄동설한 잊었노라

대한에 세한고절 절개가 으뜸이라
아, 이러니, 담양, 담양을 사랑할 수밖에

필요 없어요

꿈을 꿀 필요 없어요
담양이 나의 꿈이니까

좋은 집, 정원 필요 없어요
담양이 살기 좋은 곳이니까

책을 읽을 필요 없어요
담양이 훌륭한 책이니까

건강도 걱정할 필요 없어요
담양이 건강을 잘 챙겨 주니까

대나무의 열 가지 가르침

1. 혼자 지내지 않고 여럿이 함께한다
   동고동락(同苦同樂)

2. 제 몸을 바쳐 여러 용도로 쓰게 한다
   살신성인(殺身成仁)

3. 대말이 되어 어린이들의 우정을 깊게 만들어 준다
   죽마고우(竹馬故友)

4. 때를 맞춰 자랄 시기를 안다.
   우후죽순(雨後竹筍)

5. 어떤 일도 거침없이 척척 해 나간다
   파죽지세(破竹之勢)

6. 살아서는 댓잎소리, 죽어서는 피리 소리를 낸다
   생사불이(生死不二)

7. 함부로 꽃을 피워 웃지 않는다
   군자풍모(君子風貌)

8. 죽로차(竹露茶)로 속세에 물들지 않게 한다
   유유자적(悠悠自適)

9. 뿌리는 구부려져 밑바탕이 되고 줄기는 곧게 뻗어 성품이 된다
   곡직조화(曲直調和)

10. 텅 빈 가슴으로 마음을 비우고, 나이테 없이 나이를 모르고 산다
    무념무상(無念無想)

처음부터 끝까지 담양(潭陽)

가슴을 활짝 펴고
나는 나아가리라
다 함께 나아가리라
라면처럼 구부러진 세상
마음과 마음이 대나무 되어
바른길을 가리라, 똑바로 가리라
사랑하는 사람과 멋진 친구와
아름다운 이곳, 담양에서
자연을 노래하리라, 춤을 추리라
차 한 잔에 시 한 잔
카페, 그림 같은 메타프로방스에서
타향에서는 느낄 수 없는 따스한 정
파스텔 풍경, 담양을 마시리라
하늘 눈부신 햇살 연못, 영원히 사랑하리라